史上最強の内定獲得術

株式会社VisionCreator 代表
武藤孝幸［著］

秀和システム

まえがき

就職に有利な条件の認識は間違っている

数ある〝就活本〟の中から本書を選んでいただき、ありがとうございます。
この本を手にとっていただいた方の多くは、このような悩みを抱えていることだと思います。

「何からはじめたらいいのか、悶々《もんもん》としている」
「誰に、何を聞けばいいのかがわからない」
「有名な会社への内定は難しいのではないか」
「失敗できない焦りとプレッシャーで眠れない」
「先輩に言われたとおりにやったのに上手くいかない」

あなただけではありません。かくいう私も、就職活動をしていたときに同様の悩みをもっていました。

このような不安を取り除くために、どうか安心して読み進めてください。

「何十社受けても内定がもらえない人」と「希望する会社の内定を勝ち取った人」、違いはなんだと思いますか？

高学歴である、資格をもっている、インターンに何十社も参加した、親が一流企業に勤めている……。ちまたでよく言われている就職に有利な条件ですが、どれも正解ではありません。

では、両者を分かつ要素は何なのでしょうか？

マインドと行動で内定を勝ち取れ！

私が大学4年生のとき、第一志望だった大手商業銀行から内定をもらうことができました。

現在は大学生を対象にしたスクールで〝就活コンサルティング〟を行っています。これまでの一流企業への内定率は、99％という数字を誇っています。

残念ながら就職活動のためのスクールは認知されていないのが現状です。

「あやしいセミナーみたい」

「なんかうさんくさい」

「別のものに勧誘されそう」

そのように思われる方もいるかもしれません。

しかし、就職活動を成功に導くためのマインドと行動は確実に存在しており、本書ではそのノウハウを誰でも実践できるようお伝えしていきます。

第1章は、「マインド」。なぜ落ちてしまうのか、なぜ失敗してしまうのかというところから、成功するためのマインドを身につけていきます。

第2章は、「自己分析シート」のやり方です。もしいま「6歳のときにどんな子どもでしたか?」と聞かれて、とっさに答えられるでしょうか?

第3章は、「エントリーシート」。エントリーシートを書くときは、その先に控えている面接まで考慮して書かなければいけません。

第4章は、「Webテスト」と「資格」について。Webテストは場数が大事ですが、資格は数ではありません。資格の罠に陥らない方法もお教えします。

第5章の「面接」が、最初の5秒で決まる、と言ったらきっと驚かれるでしょう。

第6章は、「グループディスカッション」。周囲を圧倒するほどの討論ができたとしても、合格するわけではありません。勝負は、始まる前に決まるのです。

第7章の「OB訪問」ですが、そのときに「アイスコーヒーを頼むな」とお伝えしておきます。その理由は後ほどご説明したいと思います。

そして最後の第8章では、「就職活動において〝成功する〟とはどういうことか?」についてお話ししていきます。


就職活動で上手くいかないと感じていたら、ぜひ本書のとおりに実践してみてください。驚くほど簡単に内定をつかむことができるでしょう。

一人でも多くの方が内定を勝ちとることを祈っております。

2020年2月
武藤孝幸

第1章 大逆転内定を実現するためにはマインドを変えなさい……15

第2章

第4章

「Webテスト」はゲーム感覚で受けまくれ、資格に惑わされるな…………81

第5章

受かる面接は最初の5秒で決まる

1章

大逆転内定を実現するためにはマインドを変えなさい

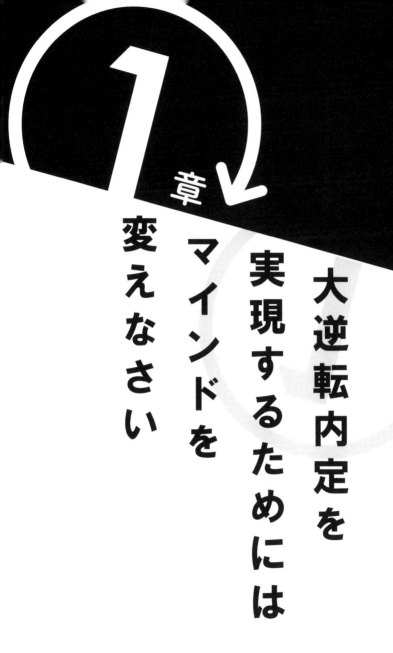

90日あれば一流企業からでも内定がもらえる

第1章では、志望する企業から内定を得るための最も重要なポイントである「マインド（マインドセット）」について紹介します。あらかじめ、正しいマインドを身につけておけば、一流企業から内定を得ることも決して夢ではありません。

ここで言うマインドとは、就職活動に対する考え方やとらえ方のことです。就職活動をどのように考え、どうとらえるのかによって、その後の行動や発言は変わってきます。だからこそ、最初の段階でマインドセットをしておくことが大事なのです。

私自身、就職活動をはじめたばかりのころは不安でした。なんとなく人生の分岐点であるような気はしていたのですが、具体的に何をすればいいのかわからず、いたずらに時間だけが過ぎていたように思います。本書を手にとったあなたも同じではないでしょうか。

そのような状態でただ漠然と就職活動をしていても、結果はついてきません。一方で、正しいマインドセットができてしまえば、残された期間がわずか90日（3ヶ月）であったとしても、望むような成果をあげることは可能なのです。

これは、私の経験上からも言えることです。「このままでは内定をひとつも得られずに失敗する」という思いが脳裏によぎった私は、とにかく行動することにしました。多額の費用をかけて、さまざまなセミナーに通ったのです。

しかし、いくらお金と時間をかけても、何をすればいいのかはわかりませんでした。むしろ、それぞれのセミナーで言われていたことが異なっており、余計に混乱してしまったのです。私は自分自身の軸や考え方を失い、不安はさらに募りました。

セミナー講師の発言はつねに両極端です。「大手企業に未来はない」という人もいれば、「ベンチャー企業は倒産リスクがある」という人もいる。「親の言うことを聞け！」という人もいれば、「親の言うことは聞くな！」という人もいます。

そうした発言をそのまま受けていると、混乱するのは当然です。それまで、与えられたことをコツコツこなしていた私にとって、答えのない就職活動はストレスのかたまりとなりました。「なんて自分は無力なんだ……」と、自暴自棄になりかけたこともあります。

そのような心理状態になると、人は「とにかくこの状況から逃れたい」と思うものです。しかし、だからといって、どんな企業からでも内定を得られればそれでいいと考えてしまうのは危険でしょう。そうした発想が、ミスマッチにつながるケースも多いのです。

そうこうしているうちに、私はさまざまな難関企業から内定を得ている先輩に出会いました。その先輩は、就職活動を成功させるための行動を効率よく行うことで、たとえ短期間であっても、就職活動で結果を出せることを教えてくれたのです。

それまですでに半年以上、右往左往してきた私にとって、この言葉は衝撃的でした。しかも、言われたとおりに行動した結果、4月の段階で第一志望の大手商業銀行からトップで内定を得ることができました。その時点で、他社はすべて断っています。

本書で紹介しているのはまさに、そのときに私がとった行動を改善したうえでポイントを集約したものなのですが、ここで重要なのは、最適な行動をとれば90日でも内定が得られる、という事実です。就職活動を成功させるのに必要なのは、時間ではありません。

私にできたのだから、絶対にあなたにもできます。まずは、そのことを認識しておきましょう。

就活生が陥りやすい6つの落とし穴

私が運営している就活セミナーには、毎回、50人ほどの学生が参加します。そのとき、最初に「就職活動に失敗したくない人は手を挙げてください」と言うと、迷うことなく全員が手を挙げます。就活セミナーに参加している方々なので、当然と言えば当然です。

そこで次に、「では、どんな学生が落とされるのか、わかる人はそのまま手を挙げていてください」と言うと、すぐに全員が手を下ろしてしまいます。つまり、誰もが〝失敗したくない〟とは思っているけれど、〝なぜ失敗してしまうのか〟はわからないのです。

ただ、なぜ落ちてしまうのか、なぜ失敗してしまうのかがわからなければ、就職活動を成功させることはできません。落ちる理由がわかってこそ、受かる理由も見えてくるのです。そこで私は、冒頭から「どうしたら落ちるのか？」を解説するようにしています。

具体的には、就職活動に失敗してしまう学生には「6つの特徴」があります。これら6つの特徴は、いわゆる〝よくある落とし穴〟のようなものです。自分がこうした特徴に当てはまっていないか、胸に手を当てて考えてみてください。

1.先延ばし症候群

ひとつ目は「先延ばし症候群」です。

あらゆる物事を決断できず、先延ばしにしてしまうことは多いもの。とくに、複雑な物事を考えることや面倒な作業をするときには、つい優先順位を下げてしまうものです。

これは就活生に限らず多くの人に当てはまる話なのですが、ズルズルと決断を先延ばしにしてしまうと、短期決戦の就活においてチャンスをつかむことはできません。

就職活動においては、決断を先延ばしにすることが、致命傷になるケースも多いのです。

2.決断できない症候群

2つ目は「決断できない症候群」です。

社会人への〝第一関門〟である就活は、選択と決断の連続です。自分で決断していく勇気をもつことが、就活戦線を制する武器となります。

たとえば、就職面接で面接官から「当社は第一希望か第二希望か」と聞かれたとき、明確に説明できない学生はまず落とされてしまいます。

心に決めたことを意志として貫き通すことができる。それが決断できるということです。自分の意志で決断できるようになりましょう。

3．80％症候群

3つ目は「80％症候群」です。

聞き慣れない言葉かもしれませんが、これはいわゆる〝就活生あるある〟のひとつです。

ライバルたちが全力で取り組んでいる中、80％の力で就職活動をしている人が、希望の会社から内定をもらえないのは当然です。そもそも、本気度が違います。

人生の節目となる就職活動において80％の力しか発揮しないのは、人生に手を抜いているのと同じです。「いつやるの？」と言われても仕方ありません。

今すぐ本気になってください。

4．一人でできます症候群

4つ目は「一人でできます症候群」です。

これはいわゆる勘違いです。就職活動において「人に頼る」ことができるのは、「内定への近道を行く」のとイコールです。

本書を手にとっているあなたは、すでに一人でできます症候群ではありませんが、自らの力を過信しないよう気をつけてください。

5．セミナー貧乏症候群

5つ目は「セミナー貧乏症候群」です。

セミナーに行くことに全力を注いでいる就活生はかなり多いです。しかし、かつての私がそうであったように、セミナー貧乏になってはいけません。

もちろん、セミナーに行くことが悪いと言っているのではありません。意図を持ってセミナーに行かなければ、お金を捨てているのと同義だと言いたいのです。

ムダなことに投資しても、不安を減らすことはできません。

6．ネタがない症候群

6つ目は「ネタがない症候群」です。

学生時代、勉強に身を捧げた人ほど、この傾向にあります。

企業が見ているのは「物事をどうとらえているか?」「正しくとらえる力があるか?」です。机やスマートフォンと向き合っているだけでは、人の心をとらえられません。

相手の心に訴えかけるような説明ができるよう、自己分析によってネタを集めましょう。

いかがでしょうか。裏を返すと、これら6項目とは逆のマインドをもっていれば、内定への道は一気に開けます。

目の前のことをクリアにし、決断ができ、100%で取り組める。同級生や仲間に恵まれ、適切な自己投資ができ、惹きつけるトークができる。そんな自分になりましょう。

一流企業に受かる就活生は〝マインドセット〟を大切にしている

マインドを身につけることを「マインドセット」と言います。これから就職活動をはじめる人は、何よりもまず、就職活動に成功するためのマインドセットをしなければなりません。しかも、いい加減なものではなく、適切なマインドセットを行う必要があります。

多くの就活生は、わかりやすいノウハウや目先の方法論に流されてしまいがちです。そのため、適切なマインドセットをしないまま、表面的な活動に終始してしまいます。その結果、志望先から内定を得られず、苦しむことになるのです。

「これだけ行動しているのになぜ結果がついてこないんだ！」と思っている人の大半は、そもそもマインドセットができていないのだと気づいてください。マインドセットができていなければ、正しい努力はできません。まさに〝空回りの状態〟です。

空回りの状態で自己分析を行い、エントリーシートを書き、Ｗｅｂテストや資格の取得、さらにはグループ面接・個人面接を行っていると、その努力は就職活動の成功につながるとは限りません。場合によってはムダな努力になることもあるでしょう。

だからこそ、できるだけ早い段階でマインドセットすることが大事です。限られた時間を有効活用したいのなら、やみくもに行動するのではなく、まずマインドセットしておくこと。遠回りに思えるかもしれませんが、実は、これが最も近道なのです。

では、どのようなマインドを身につけておけばいいのでしょうか。ポイントは3つあります。

ひとつ目は「迷ったら成長するほうを選ぶ」というものです。多くの人は、これまでの人生において、数々の意思決定をしてきたことと思います。学業に限定すれば、どの小学校、中学校、高等学校、大学に進学するのかを決断してきたことでしょう。

もちろん「いや、親が選びました」という人もいるとは思いますが、まったく関与していないことはあり得ません。どこかであなたの決断が入っています。大事なのは、「なぜ、その決断をしたのか？」という軸を、成長の方向へと向けることです。

人生というのは、選択の連続です。今のあなたを形作っているのは、あなたがしてきた過去の選択に他なりません。そして今、就職活動を通して、非常に大きな決断をしようとしています。迷うことがあれば、ぜひ成長する方を選ぶようにしてください。

2つ目は「飛行機上昇の法則」です。飛行機上昇の法則とは、空を飛ぶ飛行機のように、向かい風に向かって上昇していく思考のことを指します。これから挑戦するすべての事柄に対し、どんな向かい風が吹いたとしても、それを自らの上昇に変えてください。

たとえば、「親が公務員になれというので、公務員にならなきゃいけないんです……」と悩んでいる人がいたとします。あるいは「ベンチャー企業は不安定だから反対されました」という人でもいいでしょう。

そのような場合でも、無意味に落ち込む必要はありません。むしろ、「向かい風が吹いてきたということは、ここを乗り越えれば成長できる！」と思うようにしましょう。向かい風を嫌がるのではなく、上昇するためのきっかけとして快く受け入れるのです。

3つ目は「山登りの法則」です。山登りをしていると、目の前に複数の道が出てきました。Aさんはわからないなりにひとつの道を選んだのですが、Bさんは「どこに到達するのかわからない」と、いつまで経っても右往左往するばかりです。

さてあなたは、AさんとBさんのどちらになりたいと思うでしょうか。私はぜひ、Aさんになってもらいたいと考えています。つまり、たとえどこに到達するのかわからなくても、突き進む勇気をもってほしいのです。

確かに就職活動はわからないことだらけです。初めてのことも多いでしょう。しかし、だからといって尻込みする必要はありません。むしろ、若さを武器に突き進んでください。どの企業も、そのような若さとエネルギーを求めているのですから。

小手先のテクニックだけではあなたは落ちる

ちまたには、就職活動を成功させるためのコンテンツがたくさんあります。就職活動セミナーや塾、就活本、さらには動画など、さまざまな媒体で就活生をサポートしようとしています。ただし、必ずしもそれらすべてが優良であるとは限りません。

中には、付け焼き刃のテクニックだけを紹介しているところもあります。そこで身につけたテクニックは、一見すると就職活動を成功に導いてくれるような気がします。しかし実際には、そのような小手先のテクニックは、本番で通用しません。

とくに、二次面接や三次面接のように、見る人のレベルが上がっていけばいくほど、小手先のテクニックは見抜かれてしまいます。「いや、つくった君ではなく、本当の言葉を聞かせてよ」と言われたとき、適切な答えを返すことができないのです。

ただ、役員レベルの面接では、スタートの段階からそのような前提があるものです。社員面接のように、形式的なヒアリングとは異なります。責任ある立場だけに、未来の会社を担う本当にいい人材を獲得したいという強い気持ちを持っているのです。

そのような人たちに対し、就活マニュアルに従ってつくった自分など通用しません。話す内容はもちろん、その仕草や表情まで〝本物〟かどうか見抜かれてしまいます。厳しいようですが、それらは下手な芝居にしか見られていないと思ったほうがいいでしょう。

表面的に取り繕った自分で就職活動を行っていると、「ホントの君を見せてくれ！」と言われたとき、必ずボロが出ます。「実は……」などと本当の気持ちを述べた瞬間、第一志望でないことがバレてしまうでしょう。

あるいは、たとえ第一志望であったとしても、内定を得て安心したいがために、他社を選択するということも当然あり得ます。それもまた本音です。小手先のテクニックに頼っていると、そのような本音をついこぼしてしまいかねません。

そもそも就職活動というのは、自己分析を通じて、本当の自分を発信する場です。その材料を得るための活動が自己分析なのですが、志望する会社に応じて表現を変えることはあっても、本当の自分を変える必要はないのです。

たとえば、「発展途上国の人を助けたくて」という志望動機を書いた人がいたとします。その内容を踏まえて、「そのために海外で仕事をしたいんです！」と主張したとき、一見、筋が通っているように感じられるかもしれません。

しかし、実際の面接では「これまでに何人の人を助けましたか？」「発展途上国にはどのくらい行きましたか？」などと返されてしまいます。そのとき、過去の実績を示すことができないと、取り繕った言葉なのだとバレてしまうわけです。

このように、小手先のテクニックに頼って就職活動をすることは、自分のためにも相手のためにもなりません。自分を偽ってまっとうな主張をしたとしても、それが真実でない以上、なんら意味がないのです。

繰り返しになりますが、就職活動は自分をつくる場ではありません。本当の自分を発見し、それをロジカルに伝える場です。自分を取り繕うようなテクニックに頼るのではなく、正しく発信できるような行動をとるようにしてください。

相手が見極めようとしているのは、「本当にうちに入社したいのか？」という本気度です。想いを伝えるのに、テクニックに頼ってウソをつくようではいけません。相手はつねに見抜いているという前提で、自分の本気を示しましょう。

挫折体験は成功体験として語れる

世の中の常識が、そのまま就職活動にも通用するとは限りません。むしろ、世間一般の常識を疑うことで、他人との違いを生み出し、就職活動を有利に進めていけることもあります。たとえば、あなたがこれまでに体験した「挫折」について考えてみましょう。

多くの人は、自らの挫折体験を〝恥ずかしいもの〟としてとらえています。中には思い出したくない失敗などもあるでしょう。わかりやすいところで言えば、「部活で敗退した」「学業に失敗した」「受験に失敗した」などが挙げられます。

確かにこれらの失敗は、そのままにしておくと単なる挫折であり、いわゆる黒歴史になりかねません。ただそれは、そのままにしているからそうなってしまうのであり、考え方やとらえ方を変えてしまえばいいのです。要するにマインドを変えるのです。

マインドを変えれば、どんな挫折体験も、ひとつの成功体験にすることができます。考え方やとらえ方自体を変えてしまうため、挫折の解釈が変わるのです。「コップには半分しか水が入っていない」ではなく、「コップには半分も水が入っている」というように。

そうすれば、エントリーシートで「あなたの挫折体験を書いてください」と指示されても、あわてる必要はありません。挫折体験をそのまま書くのではなく、挫折から得られた教訓や学びを、成功体験につなげた事例を書けばいいとわかります。

そもそも「失敗」という言葉に関しても、その人が失敗としてとらえているだけで、他の人からすれば「成功の過程」とも言えるはずです。それと同様に、挫折も何らかの成功につながっているはずですし、そこには学びも教訓もあるものです。

挫折と書いて「挑戦」と読むと言ったら言い過ぎかもしれませんが、挑戦の結果として挫折があることは確かですし、またその挫折から得た経験値が成功に結びついていることは間違いありません。すべてはとらえ方次第なのです。

企業が求めているのは、「過去にどんな挫折をしたのか?」ではなく、「挑戦した結果としてどのような挫折を経験し、その挫折を後の人生にどう活かしたのか?」ということです。そのため、強調するべきポイントは〝挫折後〟にあります。

どのような仕事をしていても、挫折を経験することはあります。つまらないミスをしたり、お客様から叱責《しっせき》されたり、結果を残せなかったりすることもあるでしょう。問われているのは、そのような挫折をどのように克服するかです。

挑戦したこと自体が悪いのではなく、また挫折したこと自体も問題ではありません。挫折を経て、どのような対処をするのかが問われています。そうした前提に立たない限り、どのような回答が望ましいのかもわからないでしょう。


ただ、求められていることがわかれば、ある程度の正解も見えてきます。つまり、挫折体験をそのまま提示するのではなく、挫折体験を成功体験に変えたエピソードを、具体的に、わかりやすく、ロジカルに提示すればいいのです。

難しく考える必要はありません。誰にでも、挫折した経験はあるはずです。その挫折した経験が、どのように次の成功につながったのかを考えてみてください。このような発想の転換は、訓練次第で誰にでもできます。

ある生徒が高校生のときに理系から文系へ移る、「文転」をしていて、彼はそのことを「逃げ」

とネガティブにとらえていました。その後、経済学部に進学し、優秀な成績をおさめました。私からのアドバイスは、成績がよかったことをアピールするのではなく、「得意な理系脳を活かすために文転しました。その決断のおかげで経済学部でも優秀な成績をとれました」という成功体験に変えたらどうか、ということでした。結果的に、彼は大手総合商社の内定を勝ちとりました。

このように、挫折のとらえ方を転換し、成功体験へとつなげていきましょう。

決断できない人は落ちる。あなたはこの決断ができるか？

最近の学生を見ていると、男女問わず、〝決断できないこと〟に悩んでいる人が多いです。ちょっとした選択にも悩んでしまい、とりあえず決断を先延ばしにしてしまう。その結果、チャンスを逃している人がたくさんいます。

しかし、チャンスはそう何度もおとずれるわけではありません。むしろ、与えられるチャンスの数は限られていると考えたほうがいいでしょう。就職活動もそうで、これを人生の転機にできない人は、せっかくの機会を逃してしまうことになるのです。

そんな先延ばしがクセになっている人に対して、私が行っている指導は、普段の行動の是正です。たとえば、一緒に外食をするとき。私は席についた途端に「注文いいですか?」と店員を呼んでしまいます。そうすると、すぐに注文しなければなりません。

そのような状況であれば、どんなに優柔不断な人であっても決断せざるを得ません。半ば強引に、無理矢理に、注文を決めることとなります。「ちょっと待ってください」というのは許されません。その場で、すぐに、決めさせる。

もちろん、慣れないうちは、食べたくない・飲みたくないものを注文してしまうこともあるでしょう。でも、それでいいのです。とにかく、無理にでも即決即断をするという習慣が、意思決定の先延ばしを防ぐことにつながるためです。

また、別の方法として、「コンビニの滞在時間」を計ることも勧めています。コンビニに入ってから出るまで、どのくらいの時間がかかっているのかを調べさせるのです。そうすると、決断できない人ほど滞在時間が長いとわかります。

何を買おうか、食品かドリンクか、ペットボトルかパック飲料か、あるいはホットコーヒーにするかカフェオレにするかなど、コンビニでの決断は多種多様です。指名買いをするつもりでなければ、平気で10～20分ほど悩んでしまうこともあるでしょう。

そこで、自分がどのくらいコンビニに滞在しているのかを調べつつ、それをできれば「1分以内」にまで短縮してみる。これまで10分ぐらい滞在していた人からすると、9分の短縮になります。必然的に、決断力が求められるでしょう。

ちょっと極端かもしれませんが、たとえば私は回転寿司屋に行ったときに、すぐ店員を呼んで注文してしまいます。「これと、これと、これと、これ。トータル1492円ですよね？」というように。そしてその場で、支払いまで済ませてしまいます。

もちろん、ここまでする必要はありませんが、とにかく、決断力を高めるために制約を設けることが大事です。決断せざるを得ない状況をつくり、無理にでも決断していけば、自ずと決断力は養われます。決断できない人ほど、まずは環境をつくりましょう。

このような工夫が、面接での応対にも役立ちます。たとえば、面接官から「うちが第一志望ですか？」と問われ、「はい」と答えたとき。「それなら、すでに内定が出ている他社にこの場で断りの電話を入れてください」と言われても、すぐに決断できます。

選択としては悩ましいかもしれませんが、時間をかけて考えれば最良の答えを導き出せるとは限りませんし、何よりウソをついていないのなら、その場で行動できるはずです。要は、決められるかどうかなのです。

とくに面接は、こういった〝突発的な決断〟を求められるシーンが多いです。そのとき、決断できない姿を見せてしまうと、「この人は決断力が乏しい」と評価されてしまいます。また、本気度を示すこともできません。

いつでも即断即決できるよう、日頃から自分を鍛えておきましょう。

誰に相談すべきかをよく考えて行動しよう

就職活動の悩みを大学教授に相談する人がいます。確かに、大学教授は学生にとって身近な〝大人〟であり、普段から接しているだけに話しやすいのかもしれません。しかしそれは、就活を成功させるための正しい行動ではありません。

ソフトバンクの孫正義さんの弟であり、起業家・投資家である孫泰蔵さんは、ベンチャー企業の経営者やその予備軍に対して「歯が痛いのに皮膚科に行くな」と言っています。その意図は、「間違った相手を頼るな。適切な相手を頼れ」ということです。

たとえばベンチャー企業の多くは、ゼロベースで事業を立ち上げる「スタートアップ」も含まれており、そもそもの実績がありません。ただ、事業を運営していくには資金が必要となるため、立ち上げ時や初期の段階で資金調達をしなければなりません。

資金調達と言うと、多くの人は銀行を思い浮かべるかと思います。銀行のビジネスモデルは、一般の利用者からお金を集め（預金）、企業に貸し出すこと（融資）で、その利ざや（貸出金利と預金金利の差）を得るのが基本です。

これから起業する人の中には、そのような銀行の役割を思い出し、融資を打診しに行くこともあります。そして、剣もほろろに断られてしまうのです。なぜなら銀行から、スタートアップのタイミングで大きな金額を借りることは難しいからです。

「歯が痛いのに皮膚科に行くな」というのは、つまりそういうことです。過去の実績がないスタートアップは、銀行ではなくベンチャーキャピタルや投資家に融資（出資）をあおぐべきであり、銀行に行くのはそもそも間違っているのです。

このことは、就職活動でも同じです。たとえば、一般企業を志望しているにもかかわらず、公務員の先輩に相談をしている人は、まさに「歯が痛いのに皮膚科に行っている」のと同じであり、相手の立場や役割、さらにはその行動がもたらす結果を理解できていません。

重要なのは、実際に成功している人が実践した方法であり、そのベースとなる考え方なのです。

とはいえ、30年、40年前に就職活動を終えた先輩たちに話を聞くのも違います。彼らに就職活動のやり方を聞くのは、それこそ何十年も前の手法や研究結果を信じてダイエットに取り組むようなものです。それよりも、進行形でダイエットを研究し、最新の情報をもっている人に相談すべきなのは理解していただけるでしょう。

時代が変われば、社会も変わりますし、企業の動向も変わってきているのです。

就職活動のことはその道のプロに聞くこと。使える時間は誰にでも平等ですが、限られています。限られた時間を有効活用するためには、誰に相談するべきなのかをよく考え、行動していきましょう。

それでは次章から、就職活動を成功させるために押さえておきたい以下の項目について、個別に学んでいきます。

・自己分析
・エントリーシート
・Ｗｅｂテスト・資格試験
・面接
・グループディスカッション
・ＯＢ訪問

本書はどんな業種にもあてはまる内容になっています。企業分析はやり方が一律ではありませんが、本書を読み終えるころには自然とできるようになっているはずです。

2章

「自己分析シート」のやり方で採否は9割変わる

なぜ企業は自己分析ができている学生を採用したいのか？

第2章では、就職活動の入口となる「自己分析」について学んでいきましょう。自己分析を行い、最終的には自分なりの「自己分析シート」を作成することによって、エントリーシートから面接まで適切に対応できるようになります。

自己分析というと、関連書籍を読んだり、ちょっとワークシートを埋めたりしただけで満足している人も多いです。しかし、わずかな時間や労力を使うだけで、自分を掘り下げることはできません。やはり、徹底的に、自分と向き合う必要があるのです。

掘り下げれば掘り下げるほど、自分というひとりの人間がいかに深いのかわかります。それは、わずかな時間で関連書籍を読み、ワークシートをやっただけでは見えてきません。それでは、単なる自己満足となってしまうでしょう。

自己分析を自己満足で終わらせないために必要なのは、時間軸をもって取り組むことです。この場合の時間軸とは、「過去」「現在」「未来」の3つです。詳しくは後述しますが、これら3つの時間軸をもっておくことが何よりも大事なのです。

自己分析を「これまでの自分を掘り下げる」と理解している人は多いのですが、それだけではありません。過去の経験がどう今の自分につながっているのかを考え、さらに、未来へとつなげていくことが求められます。それが自己分析の基本です。

自己分析の全体像は「洋服選びとデート」に例えるとわかりやすいかと思います。過去の経験を踏まえ、自分に似合う服を選定し、どのようなデートにしたいのかを考えていく。ただ、自己分析をする前の段階では、選ぶべき洋服がタンスの中でぐちゃぐちゃになっています。

まずはタンスの中身を全部出して、ワイシャツ、パンツ、靴下というようにグループ分けしていく必要があります。これを自己分析に置き換えると、過去の洗い出しを全部するということです。自分は決断したときにこういう傾向があって、がんばれたときはこういう傾向で、泣くときはこんな傾向がある、というように分析していきます。

分類ができたうえで、相手によって選ぶ洋服を変えていくわけです。年下の女の子と公園に行くんだったらパーカーにデニム、年上の女性とバーに行くんだったらジャケットにパンツというように、洋服のチョイスは変わってきますよね。同様に、銀行の面接だったらカッチリとしたマインドで備える必要がありますし、マスコミの面接では、おもしろいことを言えるような頭にして臨まなければいけません。

要は、TPOに合わせる準備をしておく、ということです。

引き出しが多い人は、どんな質問がきても対応できます。また、たくさんのエピソード候補があれば、どの企業にどの内容が刺さるのかも考えることができるでしょう。限られたエピソードしかないと、それらを使いまわすことになるため、内容としては弱くなります。

十分に自分を掘り下げることができない人は、「過去」「現在」「未来」という3つの軸をベースに、何度も情報を洗い出してみましょう。そのくり返しが、本当の自分を知り、志望先のさらなる選定およびマッチングにも役立ちます。

企業が自己分析できている人を採用したがっている理由も、そこにあります。つまり、表面的な理由だけで採用してしまうと、ミスマッチにつながりやすくなり、途中で離脱する可能性が高まってしまうのです。あるいは「内定辞退」ということもあるでしょう。

そのような事態を避けるには、あらかじめ自らをよく分析し、掘り下げたうえで第一志望に挙げている人を選んだほうがいいのです。企業はあなたのすべてを知ることはできません。あなた自身を掘り下げられるのは、あなたしかいないのです。

間違いだらけの自己分析を今すぐやめなさい

ちまたにあふれる既存の自己分析には、大きな問題があります。それは、正しい目的を認識したうえで行われていないこと。具体的には、就職活動を成功させることではなく、用意されたワークシートの穴を埋めることがゴールになってしまっているのです。

本来、就職活動に関連するあらゆる行動は、就職活動を成功させることにあります。つまり、自分が心から入社したいと思う企業に入社することが、就職活動のゴールであり目的です。そのことを、つねに意識しておかなければなりません。

しかし、自己分析を行っている人の多くは、取り組むうちに当初の目的を忘れていき、やがて自己分析をすることが目的になってしまうのです。中には、自己分析シートをすべて埋めることで達成感を得ている人もいるほどです。

それでは、いつまで経っても就職活動を成功させることはできません。なぜなら、目的やゴールについて勘違いしているため、その努力が活かされないからです。つまり、自己分析の結果が、エントリーシートや面接で発揮されないということになります。

たとえば、自己分析をした結果、「自分は高層マンションに住みたい」ということがわかったとしましょう。描いた夢の内容はともかくとして、問題は「その分析結果が就職活動に活かせるかどうか」ということです。

自分自身を分析した結果として「高層マンションに住みたい」という、隠れていた願望が明らかになったのかもしれませんが、それをそのままエントリーシートや面接で披露しても、「だからどうしたの？」と思われるだけです。それでは意味がありません。

就職活動でするべきなのは、あなた自身の願望を明らかにすることではなく、またそれをそのまま披露することでもありません。そうではなく、自分自身の特徴をきちんと把握し、志望する企業に対して適切に提示することが必要です。

そしてその材料を集めるための活動こそ、自己分析の本質と言えます。自己分析によって、これまでに何をしてきて、どのような自分がつくられ、さらに今後は何を成し遂げたいのかを理解していれば、適切な内容を企業に提示することができるでしょう。

「高層マンションに住みたい」という願望があるにしても、それはまだまだ掘り下げられます。どのようなエリアの、どのくらいの広さの、どのような高さがある、どのようなマンションに住みたいのかを考えていきます。

しかし、こんな部屋に住みたいと写真を見るだけでは二流です。私の塾では、実際に高層マンションまで行ってもらっています。実物の外観を見るだけでなく、できれば親御さんの力を借りて内覧まで行くと、目指すものがハッキリと見えてくるでしょう。

このように、自分を深掘りできてこその自己分析です。ワークシートの穴を埋めることがゴールなのではなく、自分と向き合い、そこで得られた材料を就職活動に活かしていくことが何よりも大事なのだと自覚してください。

自己分析を甘くみている人は多いのですが、それができていないからこそ、エントリーシートや面接がうまくいかないということも考えられます。自己分析が不十分であれば、表面的に取り繕った自分で勝負するしかありません。

しかし、企業の人事担当者は人を見るプロです。どんなにうまく取り繕っても、どこかの段階でバレてしまいます。あるいは、運良くそのまま入社できたとしても、ミスマッチになる恐れもあります。それでは本末転倒です。

就職は、就活生にとって重要な節目となります。考えすぎる必要はありませんが、可能な限り検討することは大事です。そのためにも、ただクリアするだけの自己分析ではなく、本当の自分を知り、アピールにつながる自己分析を行いましょう。

自己分析シートの3大質問（学チカ・自己P・志望理由）もこわくない

自己分析シートによくあるのは、「学チカ」「自己P」「志望理由」という3大質問です。これら3つをきちんと埋めることができれば、エントリーシートの作成はもちろん、面接でも自分の主張を明確に伝えられるようになります。

あらためて確認しておくと、学チカとは「学生時代に力を入れたこと・努力したこと」、自己Pとは「そのような経験を経た今のあなたについて」、志望理由とは「会社に入社してやりたいこと」という3点になります。

それぞれの質問を分解してみるとわかるように、3つの質問は「過去」「現在」「未来」という時間軸でわけることができます。学チカはあなたの過去について、自己Pはあなたの今について、そして志望理由はあなたの未来を聞いています。

そう考えると、これら3つの質問で求められているのが〝一貫性〟であるとわかります。つまり、あなた自身の過去・現在・未来に一本の筋が通っているかをヒアリングし、そのうえで、自社が求める人材にマッチしているかどうかを調査しているのです。

本章の冒頭でもお伝えしているように、過去・現在・未来という時間軸で自己分析を行っておけば、あらゆるシーンで役立ちます。時間経過を踏まえているため、エントリーシートでも面接でも、より説得力のある説明ができるようになるのです。

「学チカ」「自己P」「志望理由」のいずれにおいてもそうなのですが、説得力のある説明ができていない人は、どこかの段階でブレが生じています。話を強引にこじつけていたり、思いつきで説明したりしてしまうため、内容がちぐはぐになるのです。

大切なのはストーリーです。ストーリーとは、物事の筋道と言い換えてもいいのですが、前後のつながりが明確でわかりやすいほど、説得力も高まります。当然、話のつなぎとなる材料（根拠や事例）を適切に提示することも求められるでしょう。

過去・現在・未来という時間軸の中で、自分はどのような人生を歩んできて、どのような今があり、どのような未来を築きたいのかを提示していくこと。それを、会社の中で行えるのであれば、両者はお互いにマッチングすることとなるのです。

そう考えると、「学チカ」「自己P」「志望理由」の各項目も、独立していてはいけないのだとわかります。過去・現在・未来がそれぞれ時間軸でつながっているように、「学チカ」「自己P」「志望理由」も時間経過でつなげられます。

たとえば、ある出版社に就職したいと考えていた場合。「昔いじめられていて本に救われたことがある」「学生時代は読書サークルに参加した」「読書会を主催して成功させた経験もある」「今後は人を救う本をつくっていきたい」とすれば、ストーリーがつながります。

誰にでも、その人なりのストーリーがあります。過去の経験を丁寧にひもといていけば、時間軸でつながるエピソードがいくつもあるはずです。それを用意することも、自己分析過程でやっておきたい重要事項と言えます。

富や名声といった、誰もが欲しがるものしか思い浮かばないと不安になるかもしれませんが、問題ありません。そういった思いがあるということは、少なくとも、富や名声といったことに影響を受けているので、あなたの時間軸を踏まえられているということなのです。

あなた自身の過去・現在・未来は、自己分析シートによくある「学チカ」「自己P」「志望理由」に直結しています。そしてそれらをつなげれば、あなただけのエピソードがつくれるのです。この機会にじっくりと考えてみてください。

「6歳のときにどんな子どもでしたか？」はよくある質問

「自分のことは自分が一番よくわかっているので大丈夫です」

自己分析をするとき、このように考えて取り組んでいる人がいます。しかし、そのような人ほど本当の自分を理解できておらず、中途半端な自己分析に終始してしまう傾向があります。

たとえば、面接などでよくある質問に「6歳のとき、どんな子どもでしたか？」というものがあります。何も準備していない人は、「えっ、6歳というと小学校に入学した歳だから……」などと、回答にまごついてしまうかと思います。

当然、こうした質問にもすぐ答えられないと、「この人はきちんと自己分析をしていないな」「自分のことをちゃんと理解していないようだ」などと思われてしまうでしょう。その結果、面接に落ちてしまうこととなります。

ここでの問題は明らかな自己分析不足にあるのですが、一方で「傾向と対策」をふまえていないことも指摘しておかなければなりません。自分が志望する企業において、過去にどのような質問がなされてきたのかについては、リサーチすればすぐわかるはずです。

適切にリサーチを行い、自己分析していれば、不意打ちの質問にも問題なく答えられます。たとえ幼いころのことであっても、両親にヒアリングするなどして、準備しておけるはずです。そこまでしてこそ、適切な自己分析と言えます。

では、こうした質問をされたとき、どのように答えればいいのでしょうか。私が考えた、回答をご紹介しましょう。以下の回答はあくまでも一例ですが、どのようなポイントを踏まえているのかを意識して読んでみてください。

> 私は保育園で、最初の挫折を経験しました。
> 運動会のリレーの選手に選ばれ、アンカーという大役を担っていたのですが、途中で転んで、抜かれてしまったのです。

負けたにもかかわらず仲間たちは私のところに寄ってきてくれて……自分の力のなさや勝負弱さを感じ、涙がとまりませんでした。
そのときに「自分に力がないとチームに迷惑がかかる」と痛感しました。
小学生で行われたドッジボール大会では、運動が苦手な女の子のサポートを率先して行い、チームはクラス対抗の試合に勝利し、優勝しました。
そこで、「個人の能力を高めてチームに還元する」という価値観が生まれました。

いかがでしょうか。自己分析を通じて自分なりの体験をエピソード化しているだけでなく、挫折経験で得た学びを成功体験へとつなげているのがわかります。さらに、自分の役割を自覚しつつ、最終的に結果を出している点にも注目してください。

このような回答をできるよう、準備をしておくことが大切です。丁寧に自己分析を行い、質問の内容をリサーチしておけば、子どものころの写真やビデオを見直すなどの準備もできるはずです。そこまで配慮し、自己分析を深めていきましょう。

実は、この「幼少期の思い出に関する質問」には裏技があります。その裏技とは、たとえ「6歳のときの思い出を……」と言われても、「5歳や4歳のときの思い出」を引っ張り出してきて発表していい、ということです。

なぜなら面接官は、あなたの幼少期を知らないからです。重要なのは「6歳のこと」ではなく、「幼少期の挫折と成功体験」です。年齢にこだわるのではなく、大雑把に幼少期、少年期、青年期あたりのエピソードをもっていれば問題ありません。

つねに、「何を問われているのか？」「なぜ問われるのか？」を意識しつつ、よりクリティカルな自己分析を行っていきましょう。

自己分析シートでわかる苦しい体験の乗り越え方

自己分析を通して自分自身を掘り下げつつ、自己分析シートを埋めていると、過去の「辛かった経験」「苦しかった体験」などを思い浮かべることになります。それらの体験をどう乗り越えたのかについて深掘りすれば、自らのアピールポイントも見えてくるでしょう。

そのときに考えておきたいのは「挫折」に関する取り扱いです。第1章でもお伝えしているように、挫折を単なる失敗としてとらえてしまうと、自己分析の方向性を誤ってしまいます。つまり「私はこんな失敗をしました」と提示するだけになってしまうのです。

失敗した過去を「ああ、そういえば失敗したな」と思い出すこと自体は、自己分析ではありません。それは単なる〝過去の洗い出し〟です。しかし、過去を洗い出すだけでは、エントリーシートや面接に使える効果的な回答にはつながりません。


すべての段階で言えることですが、そもそも就職活動は、企業にあなたの存在を認めさせることにあります。それはお互いにミスマッチを防ぐことでもあるのですが、3億円という生涯年収を支払うことを考えれば、慎重になるのも当然でしょう。

企業が恐れているのは、採用した人が仕事の中で挫折したときに、辞めてしまったり、仕事ができなくなってしまったりすることです。とくに、早期離職は人事部の責任が重くなるため、当面の目標として社員が定着することを目指しているケースも多いです。

いずれにしても、自己分析シートによって明らかにすべきなのは単なる過去の挫折経験ではなく、その挫折をどう乗り越えたのかです。どのようにして苦しい体験を乗り越えたのかを説明できれば、挫折を克服できる自分をアピールすることになるのです。

自分なりの「挫折の乗り越え方」を提示するのにも、過去の経験をベースにした材料が必要です。どんなエピソードでも構いません。自分の過去を掘り下げれば、必ず挫折を乗り越えた経験があるはずです。

たとえば私の場合、高校3年生の春に甲子園に出場した後に、レギュラー落ちを経験しました。ベンチメンバーから外れ、ショックを受けましたが、チームのために何かできないかと考え、レギュラーの選手をサポートする立場にまわり、グラウンド整備やボール拾いといった役割に徹しました。そして、チームのために尽くすことで、多くの人から感謝される喜びと、人を笑顔にする方法を知ったのです。

このように、挫折した過去をそのまま捨てるのではなく、その後の成功体験に結びつけていきましょう。挫折を乗り越えたからこそ、今があるのです。挫折という財産をどう活かしたのかは、個々人で違うはずです。そのストーリーをつくりましょう。

具体的な方法として、4つの簡単なワークを紹介します。これらの4つの質問に答え、その回答を深掘りしていけば、あなたなりのストーリーがつくれます。自己分析につまずいている人は、ここから始めてみましょう。

ワーク1：過去の価値観（あなたが過去、大切にしていた価値観は何ですか？）
ワーク2：現在の価値観（あなたが今、大切にしている価値観は何ですか？）
ワーク3：未来の価値観（あなたが将来、大切にしたい価値観は何ですか？）
ワーク4：ワーク1、2、3の共通点（どのような共通点がありましたか？）

いずれのワークもシンプルで、すべてあなたの価値観に根付いた質問となっています。そう、自己分析というのは、自分自身の価値観を知ることなのです。

自分が大切にしたいものを知れば、そこからあなたという人間が見えてきます。これらの回答をさまざまな角度から眺め、身近な人とも共有しつつ、自分をより詳しく知るためのヒントにしてください。

3章

「エントリーシート（ES）」は最初の1行で決まる

エントリーシートは「10%の出来」でいい

第3章では、企業に対する最初のアプローチである「エントリーシート（以下ES）」について学んでいきましょう。これまで簡単な履歴書は書いたことがあっても、本格的なESを作成した経験はないと思います。だからこそ、基本が大事です。

具体的な中身の話に入る前に、意識しておきたい心構えについて述べておきます。その心構えとは「10%の出来でいい」ということです。つまり、最初から100%完璧なものをつくろうとする必要はなく、10%の出来でもいいから書き上げるべし、ということです。

実際にESを書いてみるとわかるのですが、とくに最初は時間がかかります。1時間かけても、2時間かけてもたいして中身を埋められていないというケースも多いです。そして、その段階で行き詰まってしまうこととなります。

誤字脱字だらけでも構いませんので、とにかくキーボードを止めずに書き上げてしまうことが、

ＥＳ作成のファーストステップなのであり、まずはそこを目指していきましょう。ただし、キーボードの「Ｄｅｌｅｔｅボタン」はできるだけ押さないこと。それぐらい徹底して、ひとまず書き上げてしまいましょう。タイプミスがあっても大丈夫です。

「ライティング」のみに集中すると、作業がはかどります。普段から文章を書いていない人でも、書くことだけに集中すれば、一定のスピードでＥＳを埋めることができるでしょう。

原稿が完成したあとに、一気に修正を加えていきます。この「編集」の段階では、誤字脱字を直すことはもちろん、内容についても精査してください。つまり、ライティングから編集の段階へと移行していきます。ポイントは、ライティングと編集をきちんと分け、別々に取り組むことです。同時に進めるとスピードは格段に下がります。

この両者を一緒くたにしてしまうと、書きながら「ここはこうしたほうがいいかな？」「ここの内容はもう一度検討しよう」などと考えてしまい、いつまで経ってもＥＳは書き上がりません。その結果、他の対策にも影響が出てしまいます。

時間をかけるべきところは、ライティング以外にもたくさんあります。そのうえ、編集をきちんと行ったほうが、ＥＳそのものの内容も良くなるケースが多いです。少なくとも、ライティングと編集は分けるようにしましょう。

10％の出来で完成したＥＳは、そのままで面接対策に使えます。詳しくは後述しますが、ＥＳと面接はつながっているため、初期段階のＥＳが完成した段階で面接の対策もはじめましょう。

面接の練習をしていると、ＥＳにどのような内容を追記するべきなのかも明らかになってきます。自分なりの強みをアピールし、質問してもらいたい内容を書くのです。そのようにして、ＥＳの内容はどんどん精査されていきます。

まずは、10％の出来でも気にせず、ＥＳを書き上げてしまうこと。そして、それで面接の練習もしながら、別途、加筆や編集をしていくこと。そのような流れで、ＥＳ作成の全体像をつかんでおきましょう。

エントリーシートで面接時の質問事項を誘導する

次に、ＥＳの内容について見ていきましょう。ＥＳによって目指すのは、〝面接をコントロールする〟ことです。ＥＳで書いた内容が、面接でも聞かれます。その前提を踏まえたうえで、内容を考案しなければなりません。

何も考えずにESを書いてしまうと、面接で答えにくい事柄を質問されてしまうかもしれません。そうではなく、面接で話しやすい・話したい内容を意識しつつ、ESの内容を調整していく姿勢が大事です。

もっと言えば、面接官の質問を誘導できるような内容でESを作成するといいでしょう。自己分析を通じて発見した自分なりのアピールポイントや強調したい点を確認し、それを志望する企業のカラーにも合わせて伝えられるようにするのです。

第1章で文転した生徒をご紹介しましたが、彼は「私の成功体験は文転を決意したことです」とESに書きました。元々はネガティブに思っていたその経歴を、「理系の知識を活かして他者との差別化ができた」と自らのアピールに変換することができた。面接でその話を引き出させるために、ESの段階から面接時の質問事項を誘導していく狙いがあったのです。

就職面接の内容は、それほど多くのバリエーションがあるわけではありません。志望理由や強み・弱み、挫折の克服、さらには過去の経験から学んだことなどがベースとなっています。あとは、それらの質問をさらに掘り下げたものが中心となるでしょう。

そのうち、どこに自分をアピールできる要素を盛り込めるかを考えてみてください。おそらく、成功体験はどこでも聞かれると思いますが、ＥＳに「私の成功体験は文転を決意したことです」と書いておけば、「どういうこと？」と思われるはずです。

そうした興味・関心が、面接時の質問事項につながります。もちろん、面接時の回答についでは別途用意しておくべきなのですが、「文転→理系脳を活かす→経済学部で好成績」という流れを踏まえておけば、ＥＳで仕掛けを用意することができます。

繰り返しになりますが、大事なのは、可能な限り質問を〝想定できる状態〟にすることです。そしてそのための仕掛けを、ＥＳに盛り込んでおく。そうすれば、ＥＳと面接がつながり、それぞれにとって軸のある対応ができます。

面接時にあわててしまう人の多くは、質問内容を想定できていません。どのようなことを聞かれ、その質問に対してどのように回答すればいいのかがわからないからこそ、あわててしまうのです。それでは、準備不足と思われてしまいます。

そうではなく、こちらから質問事項を誘導するかのように、あらかじめＥＳの内容を組み立てておくこと。ＥＳと面接がつながっていることを理解している人は、そうした意識をもって内容を構成しているものです。

何ら面接の準備をしていない人は「何を聞かれるのかわからない」状態ですが、準備をしている人でも「その質問は想定していなかった」となるケースは少なくありません。しかしそれは、〝質問を想定する準備〟をしていないのと同じです。

ESの内容を工夫すれば、面接時の質問をある程度まで誘導することができます。それはすなわち、想定外の質問を減らすことにつながります。そこまで配慮して、ESの内容を精査してみてください。

エントリーシートは3割盛ってもいい

とにかく真面目に、一生懸命ESを埋めている人は多いのですが、それだけではアピールにつながりません。そこで、書くべき内容はもちろん、使用する言葉もできるだけキャッチーなものを選定するようにしましょう。

キャッチーな言葉とはつまり、相手の心に響く言葉です。具体的には、「これは何だろう?」「どういうことだろう?」「もっと話を聞いてみたい!」と思うような内容や言葉遣いを意識し、人事担当者の興味・関心を呼び起こすことを目指してください。

よくあるESの指南本では、内容についての説明はあるものの、言葉づかいについてはあまり言及されていません。しかし、企業の人事担当者も人間です。他の人とは異なるキャッチーな言葉には反応してしまうものです。

たとえば、書店に行ってビジネス書のコーナーを眺めてみてください。丸の内にある丸善や池袋のジュンク堂書店などの大型書店に行くと、それこそたくさんのビジネス書が並んでいます。それらのすべてが、お互いに競い合っています。

数多く存在しているライバルを出し抜き、手にとってもらうには、まずタイトルや表紙でインパクトを与えなければなりません。「1%しか知らない真実」や「あなたの○○は間違っている」などはわかりやすいのですが、いずれも興味・関心を喚起しています。

もちろん、ビジネス書で使われているようなコピーライティング技術やキャッチコピーの要素を就活生に求めるのは酷でしょうが、少なくとも、参考にすることは大事です。書籍でなくても、過去にバズったネット記事などを参考にしても構いません。

大事なのは、書き上げたESを見てもらうために、数千〜数万通の中で目立たなければならないという意識です。極端な話、人事担当者の印象に残せるのであれば、3割ほど〝盛って〟もいいのです。それぐらいの気持ちが大事です。

変に遠慮しておとなしい内容でまとめてしまう人も多いのですが、本来の目的を忘れてはいけません。優秀なライバルはたくさんいます。彼ら・彼女らにしても、自分のことを印象づけるために、さまざまな工夫をしているものです。

より印象を強めるために、ESは〝1行目〟から目に留まる内容にするぐらいの気持ちをもってください。記事や書籍もそうであるように、最初の1行が平凡な内容であると、その後を読んでもらえない可能性があります。

もっとも、印象を強めることは大事なのですが、ウソを書いてはいけません。たとえば、TOEICが本当は500点なのに800点と書くのはダメです。ウソをつくのではなく、印象的になるようにさまざまな工夫をしてみてください。

たとえば私の場合、高校で野球部に所属していたときの「泥臭い1年」が自分の財産になっています。

1年生のときはボールをさわったりバットを握ることはかなわず、土にまみれながらグラウンド整備をひたすらやっていました。それでも、グラウンド整備をしている間に見たレギュラー選手の動きや練習方法、その他さまざまなヒントを自分のものにすることで、スポーツ推薦で入部している選手が多い中、一般入試の選手としては唯一のレギュラーとなったのです。

その当時の本音である「なんでグラウンド整備なんかしなきゃならないんだ！」といった感情は伝えなくていいのです。問われているのは当時の気持ちではありません。困難にどう対処し、どう未来に活かしたか、なのです。

3割盛るというのはつまり、そういうことです。ウソを書くのではなく、話をでっち上げるのでもなく、過去の経験から得た学びとして昇華させること。現在の自分から見て、人事担当者が評価するようなプラスのエピソードに変えていきましょう。

誰かを喜ばせると必ずその後ろにいる人も喜ぶ

就職面接では、「自分軸があるかどうか」を必ず聞かれます。言葉や質問の方向性は異なりますが、さまざまな質問を通して「この人には自分なりの軸があるのか？」「自分軸を言葉で伝えられているか？」などを見ているものです。

なぜ人事担当者が自分軸の有無をチェックしているのかと言うと、それは、その会社を選んだ動機の強弱に関係しています。誰もが考えつくような理由ではなく、その人なりの軸をもって志望理由に結びつけていたとすれば、それだけ本気なのだとわかるのです。

一方で、自分軸がないまま就職活動をしている人に関しては、「ただ給料が良いから選んだのだろう」「海外で仕事ができる点を評価したのだろう」などと、表面的にしか見てもらえません。そこに自分なりの言葉がないため、その他大勢と一緒にされてしまいます。

もちろん、どのような理由で企業を志望してもいいのですが、重要なのは、その人なりの軸を動機につなげているかどうかでしょう。自分なりの軸をもって動機につなげていなければ、他人と類似することとなり、結果的に目立たない存在となってしまうのです。

たとえば私が大手商業銀行に受かったときは、「目の前の人に全力を尽くすことで、その後ろの第三者も喜ぶ」という〝幸福の連鎖〟を自分軸として掲げていました。そのうえで、次のような内容をＥＳに書いたのです。

小学校2年生のときに、不登校だったAくんという友達がいました。

Aくんは学校には来なかったものの、野球が好きだったので、私は「公園で一緒に野球しようよ！」と誘いました。一緒に野球をするようになると、少しずつ、友だちの輪も広がっていき、その結果、Aくん自身も明るくなり、やがて学校にも来てくれるようになったのです。

その状況を見て、最も喜んだのはAくんのお母さんでした。

Aくんのお母さんは、「自宅に引きこもっていたAを外に連れ出してくれてありがとう。おかげで家の中でも明るくなり、友だちもできて喜んでいるわ」と、私の母に伝えたそうです。

このように私のとった行動が、Aくん、Aくんのお母さん、そして私の母へと伝わり、幸福の連鎖ができました。まさに、目の前の人に全力を尽くしたことが、周囲の人たちの喜びとなったのです。

また、別の企業に受かったときは、別のことを書きました。次のような内容です。

私は高校球児でした。高校3年生のときに、エラー率30％で悩んでいるレギュラーの2年生

Bくんがいました。

私は彼のエラー率を5％にするために、部活の練習が終わった22～23時に100本ノックの相手をし、来る日も来る日も手が血まみれになるまで練習しました。

その結果、Bくんはエラーをしなくなり、チームは試合に勝ちました。Bくんから感謝されただけでなく、Bくんの親、チームメイト、監督、チア、ブラスバンドのメンバー、OB、チームメイトの父母までもが、私に感謝してくれたのです。

私は、Bくんに正面から向き合い、尽くしただけで、本人だけでなく何十人もの人から感謝されるという経験をしました。この喜びは、私の人生にとって、何物にも代えがたい貴重な経験でした。

そして、この経験をしたことで、目の前の人に尽くすことが、多くの人の笑顔をつくる近道であることを知ったのです。


いずれも「幸福の連鎖」という自分軸は同じですが、書き方を変えることでそれぞれ高く評価されました。また、他の企業でも同様です。

このように、自分だけでなく他者にも良い影響を与えることを自分軸に据えておくと、好印象を与えるESになりやすいかと思います。

「誰かを喜ばせると必ずその後ろにいる人も喜ぶ」ということを意識しつつ、ぜひ、あなたなりの自分軸をつくってみてください。

エントリーシートで落とされないための裏技

ESで落とされてしまう人は、書くべき内容にばかりフォーカスしている可能性があります。もちろん「何を書くのか」は重要なのですが、それ以上に、「何を伝えるか」「何が伝わっているのか」を考えるようにしてください。

どんなに素晴らしい内容を書いたとしても、それが相手に伝わっていなければ意味がありません。とくにESの場合、それを読んだ人の心に刺さる内容にする必要があります。その点、どこにでもあるような内容ではダメなのです。

いくらあなたが、「○○に入社したい」と思っていても、心のなかで唱えているだけでは通じません。とくに大手企業や有名企業ともなれば、毎年、数万枚規模のESを見ています。そこを通過するためには、伝わる内容にすることが大事なのです。

そのときに重要なのは、自分の視点ではなく、相手の視点を意識することです。いくら自分では伝わるような内容でＥＳを書けたと思っていても、結果的に、相手に伝わっていなければ仕方ありません。だからこそ、相手の視点を意識してください。

ＥＳでつまずいている人は、たいてい相手の視点を意識できていないものです。自分のことを、自分だけがわかるように書いているため、相手の心に響かないのです。それでは、落とされてしまうのも無理はないでしょう。


人事担当者は、採用過程において、たくさんのＥＳに目を通しています。その中で、自分勝手な内容でまとめている人を評価することはありません。やはり、読み手として、相手のことを考えてまとめている人を評価するものです。

そもそも、どんなＥＳも読んでもらえなければ意味がありません。途中まで読んでいて「読みにくい」「もう読みたくない」と思われてしまうと、その先にどんなことが書かれていても不採用になってしまいます。

これはＥＳに限った話ではないのですが、相手にその先を読んでもらうためには、冒頭で心をつかんでおく必要があります。少なくとも、冒頭から「読みにくいな」と思われてしまわないよう、読み手に配慮した文章でまとめましょう。

具体的には、「結論を先に述べる」「ダラダラ長文にしない」「専門用語や難解な漢字を使いすぎない」などの工夫をするだけでも文章は変わります。また、「事実と根拠で結論（主張）を補足する」ようにすれば、説得力も高まるでしょう。

ちなみに、最近ではＥＳの代わりに「ＰＲ動画」や「1分間動画」の提出を求める企業も増えているようです。ＥＳは文章で書きますが、動画は自分の姿を撮影しなければならないので、勝手が違います。

ただし、企業が求めていることは同じです。その人が過去にどのような経験をし、それをどのように役立て、どのような未来をつくっていきたいのか。それを、相手企業にマッチするかたちで提示することが求められます。エッセンスは同じなのです。

相手にどう見えているのかを考え、伝えることよりも伝わることを重視し、最終的には「この人に会ってみたい」と思ってもらえれば合格です。無難にまとめるのでもなく、自分勝手につくるのでもなく、伝わるものを目指してください。

無料公開されているエントリーシートは参考にするな！

ESを作成するとき、インターネット上にある無料公開されているものを参考にする人は多いでしょう。たしかに、無料で見られるものの中にも立派なものはありますし、参考になるケースも多いです。最初のとっかかりとして役に立ちます。

ただ、それらをひな形のようにしてESを作成するのはオススメできません。なぜなら、どこにでもある代わり映えのしないものとなってしまうからです。それでは、相手の印象に残るESを書くことはできないでしょう。

最悪なのは、参考にしたESとほとんど同じ内容になってしまうことです。特徴的な活動をしてこなかった人ほど〝よくある内容〟に終始してしまうものです。しかし、それで難関企業を突破できるほど選考は甘くありません。

人事担当者が頭を悩ませているのは、どのESを見ても似通っていることです。その人なりの工夫がなされておらず、どこにでもある内容でまとめられているため、差をつけることができません。

結果的に、学歴で選ぶしかないということもあるでしょう。

そのようなことにならないよう、無料公開されているESは内容の参考にするまでで留めておき、マネしないようにしてください。「全体構成の参考にする」「言い回しのヒントにする」ぐらいにしておくといいでしょう。


最も気をつけたいのは、〝思考停止にならない〟ということです。公開されているESのマネばかりしていると、自分で考えられなくなってしまいます。自分で考えられないと、他人が考案したものをそのまま用いることしかできません。

それでどうやって差別化できるというのでしょうか。就職活動は他者との競争です。優秀な学生はたくさんいます。そのような人々と競い合い、内定を勝ち取った人だけが、希望の就職先に就職できるのです。それを忘れてはいけません。

期待をいい意味で裏切ることも念頭に置いておくといいでしょう。

たとえば、ESの写真はメガネをかけた角刈りの生徒。それなのに、趣味が「トライアスロン」とか「キックボクシング」だったら目を引きますよね。反対に日焼けして坊主頭で、いかにもスポーツマンらしい男の子が、趣味に「日経新聞を読むこと」と書いてあったら、いい意味でのギャップが生まれます。

少なくとも、何ら特徴のないESをマネするだけでは、面接までたどり着けないと考えてください。面接の内容が予想できず、結果的に内定までの距離は遠くなります。自分の頭で考えて、自分なりのESをつくりましょう。

エントリーシートは必ず第1タームで出せ！

本章の最後に、ESの提出についても言及しておきましょう。ESは書き上げて終わりなのではありません。志望企業に提出し、相手に読まれることによって役目を果たします。そのため、提出まで気を抜かないようにしてください。

提出時の基本ルールとしては、必ず「第1ターム」で提出するようにしてください。第1タームというのは、各企業における選考の〝初回時〟ということです。「第2次募集」や「第2ターム」で提出するのではなく、あくまでも第1タームで出すようにしましょう。

たとえば、応募が多い有名企業などでは「①3月10日、②3月20日、③4月10日」など、3回に分けてESを受け入れている場合があります。このとき、十分に内容を練られていないからと、第3タームまで提出しない人も多いです。

しかし、どれほど入念に準備したとしても、それが採用に直結するとは限りません。絶対に成功する就活テクニックが存在しないように、100%通過するESも存在しません。それなら、第1タームでの提出を心がけたほうが得策でしょう。

第1タームで提出することのメリットは、何と言っても採用枠が広いことです。複数のタームがある企業では、第1タームで100人、第2タームで50人、第3タームで10人などと、徐々に通過人数を絞り込んでいるケースが大半です。

人事担当者は、人が集まらない可能性を恐れています。そのため、最終的な採用者数は同じであっても、第1タームから徐々に絞り込んでいく場合が多いのです。そのように微調整しつつ、優秀な人材を採用しようとしていると考えてください。

そうなると、最も通過人数が多くなる第1タームでESを出さない手はないとわかります。じっくり考えてちょっと内容を改善するより、そもそもの通過人数が多いほうが有利なのは間違いありません。やはり、戦略的な行動が大事なのです。

また、人事担当者としても、第2タームで提出する人より第1タームで提出した人を評価したいと考えているものです。いち早く提出してくれた人は、それだけ志望度が高いのだと判断できるからです。それもまた、本気度の証明につながります。

事実、企業の中には、第1タームでＥＳを提出した人のテストセンター（適性検査）を免除するところもあります。それだけ志望度が高いのであれば、適性検査で落とす必要はないと考えているのでしょう。

一方で、第2・第3タームでＥＳを提出した人に対しては、他の企業に応募したあとという可能性を考慮し、適性検査を課していく。そのような違いを設けていることからも、第1タームを優先していることは明らかです。

これはＥＳの提出に限った話ではありません。就職活動では、どんな事柄でも1番を目指すようにしてください。提出物があったら1番に提出する。説明会はつねに初日を選ぶ。どのシーンでも1番が最も有利です。

採用過程で問われているのは、その人の資質だけでなく、入社への本気度であり熱意です。その熱意をアピールするのに、1番であり続けることは非常に大事です。直接的なアプローチであるだけに、伝わりやすいのです。

ＥＳの作成というと、クレバーに処理しようとする人も多いのですが、人事担当者が見ているのは内容だけではありません。「われ先に」と提出してきた人の書類を見たくなるのは当然のことです。その点も、考慮に入れておきましょう。

4章

「Webテスト」はゲーム感覚で受けまくれ、資格に惑わされるな

Ｗｅｂテストの種類について知っておこう

第４章では、就職活動における「Ｗｅｂテスト」と「資格取得」について学んでいきましょう。Ｗｅｂテストは、採用過程の一環として、どのようにとらえるべきなのかについて、資格取得は、とくに就職活動での意義について考えていきます。

まずは、Ｗｅｂテストについてです。大手企業や有名企業を中心に、Ｗｅｂテストを実施する企業はたくさんあります。ただ、その内容は必ずしも一律ではなく、いくつかの種類があります。代表的なものをいくつかピックアップしてみましょう。

SPI

SPIは就職活動で行われるWebテストのうち、最もポピュラーな適性検査です。正式名称は「Synthetic Personality Inventory（総合適性検査）」と言い、リクルートキャリアが開発しました。

内容としては、大きく「能力検査」と「性格検査」の2つがあり、能力検査では言語・非言語での問題を通じて基礎的な能力を測定します。また性格検査では、さまざまな質問事項を通じて、その人の性格や特性を検査していきます。

テストの受け方は4つあります。インターネットに接続されたパソコンから行う「Webテスティング」、指定された会場で行う「テストセンター」、企業が用意した会場で行う「ペーパーテスティング」、企業内のパソコンで行う「インハウスCBT」です。

SPIの対策としては、受験対策本などもたくさん出版されていますが、最も重要なのはテストに慣れておくことでしょう。資格試験や大学受験とは異なり、暗記や直前対策で差が出るというよりは、いかに普段の実力を発揮できるかがカギを握ります。

ＧＡＢ、玉手箱

ＧＡＢ（Ｃ－ＧＡＢ）や玉手箱は、日本エス・エイチ・エル（ＳＨＬ）社が提供しているテストです。ＳＰＩほどポピュラーではありませんが、ここ数年で採用する企業も増えてきており、志望先によっては取り入れているところもあるでしょう。

両者の違いについては、ＧＡＢがＷｅｂ式とペーパー式があるのに対し、玉手箱はＷｅｂ上で行われます。また、ＧＡＢは表やグラフを利用して問題を解く必要があるため、一問一答形式の玉手箱とは異なるという点を意識しておきましょう。

具体的な対策としては、表やグラフを読めるようにしておくことが大切です。また、時間を気にしすぎると慌ててしまうので、落ち着いて取り組めるよう、あらかじめ練習しておく必要があります。その点においては、他のテストと同じです。

また、同社が提供している試験に「ＣＡＢ」というものもあります。こちらは、暗算、法則性、命令表、暗号という４つの科目と適性検査で構成されており、具体的な出題項目は以下のとおりです。事前に問題を見ておきましょう。

暗算：基本的な四則演算
法則性：複数の図形から法則性を見つける
命令表：記載された操作から最適な図形を選ぶ
暗号：図形Aがどのようにして図形Bになったのかを推測する

TG-WEB

TG-WEBは、ヒューマネージ社が提供しているWebテストです。こちらもSPIに比べればマイナーですが、一部の有名企業などで採用するところが増えています。応募先が実施しているのであれば、事前に対策をしておきましょう。

TG-WEBの特徴は、解き方がわからないと解けないことです。出題科目は言語、計数、性格というように他のWebテストとそれほど変わらないのですが、とくに言語と計数は難易度の高い問題も出題されています。

具体的な項目としては、言語で長文読解、空欄補充、並び替えなどが、計数で暗号、展開図、推論などが出題されています。いずれも、他のWeb試験より難しいというつもりで、事前に対策本を読んでおきましょう。

ちなみにTG－WEBも、自宅とテストセンターの双方で実施されています。

なぜWebテストは中学受験をしている人が有利なのか？

Webテストは、中学受験を経験している人が有利だと言われています。その理由は中学受験で似たような問題が出題されることがあり、過去に勉強した経験を活かせるためです。その分だけ、未経験の就活生と差をつけることができるでしょう。

ただし、たとえ中学受験を経験していない人であっても、気にする必要はありません。傾向と対策を踏まえ、自分の苦手分野を把握し、その部分を勉強でカバーしていけば大丈夫です。中学受験の優位性は、経験が活かせるという点ぐらいでしょうか。

加えて、すべてのWebテストで中学受験の経験が活用できるわけではありません。とくに「OPQ」のような個人の性格を診断するテストの場合、現在の性格が問われていることもあり、経験値がどこまで活かせるのかは未知数です。

そのようなことを気にするより、できることにフォーカスしましょう。具体的には、志望先の企業がどのようなＷｅｂテストを実施しているのかを調べ、そのテストの基本的な傾向と対策を知ることです。評価の高い対策本を読んでおくといいでしょう。

また、すでにお伝えしているように、Ｗｅｂテストでは「いかに慣れているか」が重要です。会場で受験する場合も含めて、テストを受ける環境に慣れておきましょう。とくに、普段の実力が発揮できる状態をつくっておくことが肝要です。

その点においては、他の試験と変わりません。とにかく、たくさんＷｅｂテストを受けておくこと。本番と同じような環境で、同じような内容の問題を、できるだけ解くようにしてください。もちろん、時間管理についても同様です。

では、どうすれば本番さながらの環境でＷｅｂテストを練習できるのでしょうか。私がオススメする方法は、第一志望の企業と同じＷｅｂテストを実施している他の企業を、とにかくたくさん受けるというものです。

各企業がどのようなＷｅｂテストを実施しているのかは、調べればすぐにわかります。そこで、第一志望の企業が採用しているＷｅｂテストと同じものを実施している企業を調べ、その企業の採用過程で本番同様のテストを受けてみてください。

最も避けるべきなのは、はじめてのテストを第一志望の企業で受けてしまうことです。どれほど優秀な人でも、場馴れしていないことによる緊張は起こり得ます。普段の力が発揮できなければ意味がありません。だからこそ、慣れが必要です。

もちろん、インターネットで提供されているＷｅｂテストや問題集に取り組むことも大事なのですが、模擬試験はあくまでも模擬試験でしかありません。より本番に近いシチュエーションをつくるには、やはり、実際の採用過程がベストでしょう。

いきなり第一志望の企業でＷｅｂテストを受けてしまうのは、ろくに素振りもせず甲子園に出るようなものです。それでは、好成績をおさめることはできないでしょう。やはり、自分の実力を過信することなく、事前に練習しておくことが大事です。

とくに、テストセンターで受けられるものは基本的に無料なので、時間さえあれば、気軽に受けることができます。まずは、どのような企業でどのようなＷｅｂテストを実施しているか調べ、時期や会場についてもチェックしておきましょう。

そのうえで、足りないところがあれば本を読んだり、インターネット検索をしたりしつつ補強していく。そのあたりは、学生が最も強みを発揮できる部分かと思います。時間との相談になりますが、受けられるだけ受けるようにしてください。

Ｗｅｂテストで落ちてもあきらめるな！

Ｗｅｂテストに落ちてしまうと、「これで終わりか……」とあきらめてしまう人が大半かと思います。学校や資格のテストは、不合格になってしまうとそれっきりで、次の機会を待たなければなりません。Ｗｅｂテストも基本的には同じです。

ただ、就職活動という性質上、たとえＷｅｂテストに落ちてしまってもチャンスがゼロになるわけではありません。たとえば、すでにリクルーター面談やＯＢ訪問でいい評価を得ている人の場合は、いろいろなチャンスをもらえるケースがあるのです。

また、Ｗｅｂテストからの逆転とは異なるのですが、最終面接に落ちたのにもかかわらず、そこから逆転して内定を勝ち得た人もいます。その人は、自分が落ちてしまったことにどうしても納得できず、人事部に手紙を書いたのです。

その手紙を読んだ人事担当者が、「そこまで熱意があるのなら、もう一度、会ってみよう」と言ってくれました。その場で彼女は、「落とされた理由を教えてください！」と聞くと、その理由は「うちは体育会系の人を採用しているから……」とのことでした。

実は最終面接のとき、自分が体育会系であることを十分にアピールできていなかったのです。しかし実際は、非常に行動力のある体育会系の人だったので、あらためて、「清楚系の女子大に通っていますが、中身はゴリゴリの体育会系です！」と主張したのです。

その結果、一度は落とされていたものの、一転して内定を得ることができました。まさに、最後まであきらめない姿勢と、落ちてしまってもアプローチする熱意が、人事担当者の心を動かした事例です。

加えて、やはり本気度も重要です。採用過程には、本気で志望していない人も含まれています。そのような人をいち早く見抜き、可能な限り最適な人材を獲得することが、人事部の務めです。その点、Ｗｅｂテストも同様でしょう。

ただ、本気度が高ければ高いほど、Ｗｅｂテストで引っかかってしまうのは惜しいです。企業側の気持ちも同じだと思います。そうであれば、Ｗｅｂテストに失敗しないよう準備をしつつ、失敗したからといってあきらめないようにしましょう。

ご存知の人も多いかと思いますが、テストセンター（ＳＰＩ）の結果は使い回すことができます。たとえば、Ａ社、Ｂ社、Ｃ社で同じテストセンターを実施していた場合、それぞれの中で最後に受けたものが実際の評価点数となります。

つまり、最もいい成績が出たものを使い回せば、それだけ通過できる可能性は高くなるということです。何度もテストを受けていれば、いずれ高得点を得られます。ぜひ効率的に通過しましょう。

無意味な資格勉強をするなら違うことに時間を使え！

次に、就職活動における「資格の取得」について考えていきましょう。就職活動をより有利に進めるために、在学中に資格を取得する人は多いです。それにより、履歴書に箔をつけたり、面接でのアピールポイントにしたりするのが狙いでしょう。

確かに、学歴と同様、資格を取得していることもひとつの評価指標にはなります。どんな資格であっても、取得するには一定の努力が必要です。難関大学を卒業した人がそうであるように、その努力量は評価されてしかるべきものでしょう。

しかし、だからといって「この資格があれば内定は確実だろう」と考えてはいけません。資格というのは、あくまでも評価指標のひとつです。しかも、その資格がどのように仕事で活かせるのかを考えていなければ、評価に値しないケースもあるのです。

たとえば、「公認会計士の資格をもっています」「税理士・行政書士・弁護士の資格をもっています」などと、難関資格の保有者であることをことさらに主張する人がいます。もしかしたら、自分がしてきた努力を評価してもらいたいのかもしれません。

ただ、企業の人事担当者は、資格をもっているかどうかではなく「その資格が自社の業務でどのように活かされるのか？」を見ています。その点において、資格そのものを評価してもらいたい就活生と人事担当者の間でズレが生じています。

極端な話、医師の資格をもっている人が銀行の採用面接を受けて、「一生懸命勉強して医師の資格を取得しました！」とアピールしても、「なぜ医師の資格をもっている人が銀行に？」と思われるだけです。実は、他の資格も同じことなのです。

なぜその資格を取得したのかを、応募する企業の事業内容や業務内容と絡めて説明できなければ、

「その資格をもっているからどうしたの？」となってしまいます。難関資格であっても、「なぜそのような資格をもっている人がうちに？」となるだけです。

優秀なのに就職活動で失敗してしまう人は、このようなミスをおかしがちです。勉強ができるからこそ、学歴も保有資格も誇るべき内容なのですが、それらと応募した理由に整合性がなければ、説得力のある説明はできないのです。

少なくとも、「なぜあなたはその資格をとったのですか？」と言われたとき、「将来の役に立つと思って」「いずれは独立したいと考えているので」など、その企業と関連性のないことを述べているようではダメです。それがつまり、整合性がないということなのです。

表面的な内容だけでなく、質問の裏を考えてみてください。「なぜあなたはその資格をとったのですか？」という質問は、「なぜその資格をとったあなたが、うちの会社で働きたいのですか？」という意味を含んでいます。

そのときに、適切な回答を述べられないとしたら、「本当に自社が第一志望なのかな？」と思われてしまっても仕方ありません。とくに面接は、聞かれたこととその回答がすべてです。資格を持ち出したことが、むしろマイナスにはたらいてしまうこともあるのです。

大切なのは、その資格について、自分の言葉できちんと語れることです。ただ語るだけでなく、その企業の事業内容や業務内容との整合性も意識しながら、説得力のある説明をすること。それは、事前に準備しておけば難しくありません。

また、資格を取得した経緯も含めて、志望企業とひもづけておけば万全です。そのような点を意識しない、独りよがりの資格アピールは、むしろマイナスに作用するぐらいに考えておきましょう。

TOEIC800点だけでは有利な条件にならない

就活生からのよくある質問に「就職に有利な資格はありますか?」というものがあります。誰しも、内定を獲得するための確率を高めたいと考えていますし、そのための方法として資格の取得はわかりやすいと言えます。

質問の答え自体は「あります」となるのですが、ただ、私が有利だと思う資格と就活生が有利だと思う資格には、若干の違いがあります。その違いを理解していないと、誤解したまま就職活動に失敗してしまうことになりかねません。

たとえば、「TOEIC800点」を唯一の武器にして戦うのは微妙です。それを〝就職に有利な資格〟と断定するのは危険です。なぜなら一流企業の採用過程にもなると、同レベルか、あるいはそれ以上の人がたくさんいるからです。

とくに外資系企業などであれば、英語がペラペラな学生が山ほど応募してくると思っておいたほうがいいでしょう。事実、「小学校時代からロンドンに留学していました」という人や「試しにTOEICを受けたら満点でした」という人もいます。

そんな中、「TOEIC800点」とだけ書かれていても目立つ可能性は少ないでしょう。このように、相対的には評価される可能性が高い資格であっても、応募する企業や応募者の質に応じて、評価がマイナスになる場合もあるのです。

だからこそ、就職活動における資格の認識は、「本当にあなたが入りたい会社が求めている資格なのかどうか？」ということを基準にしてください。その点をきちんと認識してこそ、〝就職に有利な資格〟に意味が出てきます。つまり、就職活動に役立つということです。

そのうえで、私が就職に有利だと思う資格をまとめておきましょう。おおむね、次のような資格が挙げられます。

・**公認会計士、税理士、簿記1級**……………とくに「銀行系」「金融系」の企業に就職する際にアピールできます。

・**2級建築士、宅地建物取引士**……………とくに「不動産系」「ゼネコン系」の企業に就職するときに有利です。

・**証券アナリスト、外務員（一種・二種）**…証券会社に入るとき、「証券アナリスト」や「外務員」の資格は強みとなります。

これらの資格の中には、給料アップに直結するものもあります。資格取得のためには学校に通うなどお金がかかりますが、そこは将来への投資と考えるべきでしょう。

中には、「資格があると就職に有利だ」という話を聞いて、1日だけ講習を受ければとれる資格を10個も20個も取得している学生もいますが、これこそ浅はかな考えです。

当然、意味もなく「野菜ソムリエ」や「温泉検定」を取得した経歴を主張しても、就職活動ではプラスになりません。

つねに、「何のためにその資格を取得したのか？」「業務上、どのように活かせるのか？」ということを念頭に置き、資格取得を検討するようにしましょう。

「就職に有利な資格ベスト10」を気にしすぎるな！

就職活動をしていると「就職に有利な資格ベスト10」「企業から評価される資格ランキング」などが目につくかと思います。少しでも評価されようと、そのような資格の取得を目指す人も多いのですが、果たして効果はあるのでしょうか。

繰り返しになってしまいますが、その仕事をするうえで絶対に必要な資格を除いて、「これがあれば内定は間違いなし！」という資格はありません。マストな資格はあっても、その他すべての資格は〝もっていればベター〟ぐらいに考えておくべきなのです。

もちろん、「TOEIC900点」というように、グローバル社会の現代においてどの企業でも評価される指標はあります。あるいは「簿記1級」や「弁護士」などの資格も、持っているだけで一目置かれることは間違いありません。

問題なのは、そのような資格が仕事でどのように活かされるかということです。繰り返しになりますが、その企業が本当に必要としている資格でなければ、どれほど立派な資格をもっていても意味がありません。この点については、あらためて強調しておきます。

それというのも、難関資格をもっている人ほど、この点を誤解しているからです。どの年代の就活生であっても、自分がもっている資格に対してプラスに考えて過ぎており、またこれから取得しようとしている人も、その点を勘違いしているものです。

そう考えると、「就職に有利な資格ベスト10」「企業から評価される資格ランキング」などがいかに危険かわかります。そもそもの前提として、どの企業の内定に有利なのかもわかりませんし、どのような理由で役立つのかもわかりません。

就職活動というのは、採用する側から考えると非常にシンプルです。自社が必要としている人材を、一定数、採用する。新卒の枠は決まっていますので、自社の基準に則って必要人数を採用するだけです。少なくとも、資格ありきではないのです。

これは就職活動だけでなく、独立して事業をする場合にも言えることです。たとえば、弁護士の資格をもっている人でも、その資格があれば収入が入ってくるわけではありません。弁護士としての業務をしてはじめて、収入を得られます。

同様に、あらゆる企業は営利活動を行う団体です。資格をもっている人を採用しても、その資格を活かすことができないのであれば、優先的に採用する理由にはなりません。自社で活かしきれないのであれば意味がないのです。

その点において、その人が取得している資格の数も同様です。ときどき、ランキングにある資格を中心に10〜20個ほど資格を取得している人もいますが、ただたくさんの資格を取得しても就職活動のプラスにはなりません。

取得している資格の数を自慢気に話してしまう人こそ、資格ホルダーになってしまっていると言えるでしょう。志望企業にアピールできないのであれば、資格が10個あっても20個あっても同じです。重要なのは意味づけなのです。

たとえば、「資格を20個取得した結果、見出した自分の特性が御社で発揮できる」といったトークを展開できるのなら、資格の数に意味が出てくるかもしれません。それだけの努力が、仕事にも活かせるからです。

「たくさん資格をとりました」「努力しました」というのは、単なる自慢話ですが、「なぜとったのか」「取得した結果どうなったのか」を説明できれば、武器になります。資格ホルダーになりかけている人は、そのようなストーリー展開まで考えてみてください。

資格マスターにならないために

就職活動を成功させるというゴールを考えたとき、最も避けるべきなのは「資格マスター」になってしまうことです。資格マスターとは、とにかくたくさんの資格を取得することを目的としている人のことです。そこには「何のために」という視点が欠けています。

何のためにその資格を取得するのかを考えていないと、「就職活動のゴール＝内定」ということを忘れ、いつしか資格を取得すること自体が目的になってしまいます。そうなると、むしろ資格の勉強をすることが、就職活動からの〝逃げ〟になってしまうでしょう。

勉強が得意な人ほど、行動するより座学での学びを好みます。外に出て情報収集したり、人に会ったり、あるいは企業を訪問したりするよりも、家で勉強するほうがラクだと考えるのでしょう。しかしそれでは、内定に近づくことはできません。

就職までの道のりには、OB訪問やグループディスカッション、さらには複数回の面接が必須です。それらを乗り越えない限り、内定を勝ち取ることはできません。だからこそ、資格の取得に逃げてしまってはダメなのです。必要な行動をとるようにしてください。

本人からすると、たくさんの資格を取得していることで、内定に近づいていると思いたいのかもしれません。その気持ちはよくわかります。しかし、勉強ばかりしてきた人にとって、勉強することは、他の行動よりもラクということを忘れてはなりません。

とくに、「就職に役立ちます！」「内定を得るために！」といったキャッチコピーで宣伝している資格には注意が必要です。ランキングと同じように、どの企業に、どのような理由で役立つのかわからなければ、取得することが目的になってしまうでしょう。

資格を提供している団体や事業者の目的は、資格を取得してもらうことです。そのために、就活生にとって魅力的な宣伝文句を使うこともあります。ただ就活生としては、そのような宣伝文句に惑わされないようにしてください。

ここまで、資格を取得することの意義について考えてきたわけですが、「じゃあ、これまで取得してきた資格は意味ないんだ」と結論づけるのは少し早いです。すでに取得した資格があるのなら、その資格を就活のアピールに使えるかどうか検討してみてください。

まさに発想の転換です。意味のない資格の取得に時間をかけるのはただのムダですが、すでに取得している資格をアピールにつなげることは、自分が持っている武器の有効活用につながります。そうした視点があると、説得力は変わるでしょう。

たとえば私の場合、公認会計士の資格取得を目指して勉強していたのですが、途中で挫折してしまいました。そのままでは、単なる失敗経験であり、「公認会計士の勉強をしていたのですが、結局とれませんでした」と言うしかありません。

しかし、公認会計士の勉強をしたことで、「B／S（貸借対照表）」や「P／L（損益計算書）」などについて知ることができ、その知識を活かしてビジネスコンテストに出場した結果、優勝することができたのです。これはひとつの成功体験でしょう。

このように、たとえ資格を取得できなかったとしても、ストーリーとしてつなげればプラスのアピールになります。一方で、たとえたくさんの資格を取得していても、それをストーリーにできなければ評価にはつながりません。

もちろん、せっかく勉強するなら合格したほうがいいのですが、考え方として「どう活かすのか」という視点は不可欠です。そのような視点さえもっていれば、たとえ資格を取得できていなくても、内定につながる話ができるようになります。

5章

受かる面接は最初の5秒で決まる

大企業は落とすための面接をする

第5章では、就職活動の中でもとくに重要な「面接」について学んでいきましょう。エントリーシートの作成やWebテストは得意でも、面接になると力を発揮できない人もいるかと思います。しかし面接は、採用過程における非常に重要な要素です。

とくに大企業の場合、面接は一定数の志望者に絞り込む作業、つまり〝落とすため〟に行っていると考えるべきでしょう。とくに初期段階の一次面接や二次面接は、合格者を選ぶというより、不合格者の選定が中心となっています。

考えてみれば当然のことなのですが、一流企業や有名企業には、数千・数万といった応募があります。しかし、採用できる人数には限りがあるため、どうしたってどこかの段階で絞り込まなければなりません。エントリーシートしかり、グループ面接しかりです。

面接においても、一次面接、二次面接、三次面接と、それぞれの段階を経てふるいにかけています。たとえば、１００人からの応募があった場合、一次面接の通過者は80名、二次面接は50名、三次面接では10名など、あらかじめ決めているものです。

具体的な数字は企業によって異なりますが、応募者を絞り込んでいることに変わりはありません。そしてそこには、必ず「落とす理由」があります。初期段階の面接を突破するには、こうした企業側の事情を把握することが大事です。

では、落とす理由にはどのようなものがあるのでしょうか。企業によって内容は異なりますが、わかりやすいところで言うと、「営業志望なのに声が小さい」「うちの会社は肉体労働なのに運動経験が乏しい」など、基本的な事柄が中心となっています。

実際に仕事をするときの状況を考えてみればわかるのですが、前提として、その仕事に必要な基本スキルや資質がなければ、初期段階で落とされてしまうのは当然でしょう。しかし案外、その点を見落としている就活生が少なくありません。

自己分析をきちんとしていない人ほど、そうした傾向があります。端的に言えば〝向いていない〟ということなのですが、本人はイメージやあこがれだけで特定の企業や業界を志望してしまう。そして、面接の段階で落とされてしまうのです。

とくに応募者が多い企業の面接では、自分が「落とされるポイント」に当てはまっていないかをチェックしておく必要があるでしょう。「接客業なのにあいさつができていない」「まず、基本的なマナーがなっていない」などです。

中でも盲点なのが、「あいさつ」と「笑顔」です。実は、この2点に関しては、ありとあらゆる企業で必要とされている事柄です。アルバイトをしたことがある人はわかるかと思いますが、どんな仕事でもあいさつと笑顔は求められます。

対人業務であればお客様に対して。事務などの社内業務であっても、同僚とのやり取りが不可欠です。そのとき、あいさつと笑顔ができていない人は、できている人と比較して、評価を下げざるを得ません。初期の面接で見られているのは、そういうところです。

もちろん、基本的な面接マナーを学んでいる人は、ノック、あいさつ、姿勢、所作、表情などの基本事項をマスターしているかと思います。しかし、自分でできていると思っているだけでは不十分です。やはり、他の人にチェックしてもらうことが大切です。

それすらできていないのに、「なぜ落ちるのかわからない」と言っている人は、まず基本に立ち返りましょう。面接では、すべての行動が見られています。基本的なマナーをマスターせず、一次面接を通過することはできません。

あなたの夢と会社の夢が一致したら必ず内定が出る

自己分析やエントリーシートにも関連する話なのですが、面接においても、自分が描く夢を意識しておくことは大事です。夢とはつまり、自分自身の過去と現在を踏まえたうえで、「どのような未来をつくっていきたいのか」をイメージすることです。

未来にどのようなことを成し遂げたいのかを抽象化したものこそ、個々人が描く夢であり、実現したい夢です。その夢を言語化し、面接で伝えることができれば、面接官の心を打つストーリーをつくりやすくなります。そこに情熱があればなおさらです。

ただし、披露するエピソードが、志望する企業と何ら関連していなければ意味がありません。自分が抱く夢と、その会社が目指しているビジョンが一致したとき、応募者として説得力のある話ができます。要するに、自分と会社の夢がつながっていることが大事なのです。

たとえば、ある自動車メーカーの面接を受けた人が、次のような話をしたそうです。

「私は幼少のころからブラジルに住んでおり、現地でも御社のクルマをよく見かけました。御社のクルマが活躍しているのを見るたびに、日本だけでなく、世界中の人々を支える企業なのだと思うようになりました。そして私も、そのように人々を支えたいと考えています」


この人の夢は、日本人だけでなく、世界中の人の幸せをサポートしたいというものなのでしょう。そのために、外国に住んでいた幼少期から見たり触れたりしてきた企業で働きたいと考えるのは、自然なことだと言えるでしょう。

そして、そのような願望は、その企業が目指していることとも合致しています。その企業は、クルマを通して世界中の人々を幸せにするということをミッションにしており、日本だけでなく世界に自社のクルマを普及させるというビジョンを描いています。


このように、応募する人と企業の夢が一致しており、そのことを面接できちんとアピールできれば、内定までの距離はグッと縮まります。一流企業や人気企業にかかわらず、あなたの夢と会社の夢がつながっていれば、内定が出る可能性は高いのです。

ぜひ面接に臨む際には、そのような夢と夢をつなぐエピソードを用意してみてください。社会人としての経験がない就活生にとって「夢」というのは、企業との接点として非常に大きなウエイトを占めます。極端な話、唯一の共通語と言ってもいいかもしれません。

すでに社会に出て働いている人は、夢について語るシーンは少ないはずです。人によっては、夢をもっていない人もいるでしょうし、なくしてしまった人もいるでしょう。あるいは、働いていくなかであきらめた人もいるかもしれません。

ただ、学生のうちであれば、夢をもっている人が多いはずです。とくにこれから社会に出る人は、自分がもっている夢をベースに、面接に臨んでいることでしょう。その気持ちを、企業は聞きたいと思っています。

そこで説得力のある話ができれば、人事担当者の心に届くかもしれません。本心から語られる個人の夢というのは、その内容が練られていればいるほど、人の心を打ちます。つまり、相手の心に響くのです。

それが企業の夢（企業理念、ビジョン、ミッションなど）と合致しているのであれば、なおさら説得力をもちます。結局のところ、面接では話した内容がすべてです。夢を感情に乗せて、本気度を伝えるようにしましょう。

面接官は就活生が100%ウソをつくと思っている

就職面接では、質問への的確な回答を心がけることはもちろん、面接官の心に響くようなトークを展開しなければなりません。そのために活用できるのが、自分の夢や実現したい未来なのであり、会社のビジョンをふまえて提示していく必要があります。

ただし、就活生が話す内容に関して、面接官は疑いの目をもっていないわけではありません。むしろ、「就活生は100%ウソをつく」というぐらいに、厳しい目をもって臨んでいます。それだけ採用というのは、会社の将来を左右する重要事項だからです。

企業にとって採用は、人材への投資です。とくに新卒社員を採用することは、実務経験がない人のポテンシャルにお金を投じることであり、コストを考えると、失敗した場合の痛手は大きいです。その点、人事担当者も真剣に取り組んでいます。

そうした事情が、「就活生はウソをつく。そのウソを見抜いて本音を引き出そう」という人事担当者の姿勢につながっています。これは決して悪いことではなく、より良い人材を見抜くために必要なことなのです。つまりそれだけ、真剣に取り組んでいる証拠です。

さて、就活生は100%ウソをつくと思われている以上、就活生としては、「いかにウソをつくことなく面接に臨むか」を考えなければなりません。そのためには、自分が心から思っていることを伝えるようにするべきです。

ここで重要なのは、「どうすればバレないウソをつけるか」ではありません。本当の自分を偽り、優等生になろうとする人は多いのですが、どんなにうまくウソをついても人事担当者は見抜いてしまうでしょう。

人事担当者は、就活生が100%ウソをつくと思っている。また、就活生は、自分が本当にやりたいことを踏まえて活動しなければ意味がない。そう考えると、自己分析で掘り下げた本来の自分自身で勝負するしかないのだとわかります。

就職活動に小手先のテクニックが通用しないとは、つまりそういうことです。とくに面接は、一次、二次、三次と進んでいくにつれて、熟練の人事担当者と面談することになります。そのような人に、20代初めの若者がつくウソは通じません。

事実、人事担当者はあの手この手でウソをあばこうとしてきます。「なぜそう思ったの？」「本当にそう思っているの？」とツッコまれたとき、明確な答えができなければ、「やっぱりウソだったのか……」と思われてしまうわけです。

また、たとえ答えられたとしても、話の内容に整合性がなければ同じことです。「私にはチャレンジ精神があります！」と言っていても、「友人からはどんな人だと言われますか？」と聞かれ、「いつも慎重だね、と言われます」と答えてはダメなのです。

この例だとわかりやすいですが、熟練の人事担当者は、時間をおいてそれとなく質問してきます。質問の意図を考えて答えないと、最初に言ったことと後から言ったことが矛盾してしまい、結果的にウソがバレることにもなりかねません。

だからこそ、面接には本音で挑むことが大事です。人事担当者が求めているのは、筋の通った話です。最初から最後までブレることなく話ができるよう、伝える内容を精査し、矛盾しないように注意してください。

「明るく元気でハキハキ」は基本

ご存知のとおり、就職面接にはいくつかの段階があります。初期面接である一次面接や二次面接は基本ですが、大手企業などであれば三次面接や四次面接なども実施しているところがあります。加えて、最終面接として社長や役員との面談もあるでしょう。

テクニックと言えるかわかりませんが、とにかく「明るく、元気で、ハキハキ」受け答えすること。一見、幼稚なように思えるかもしれませんが、実は、初期面接で人事担当者が見ているのはこれら3つの点が中心となります。

もちろん、学歴や過去の経験についてもチェックしているのですが、それらはエントリーシートの段階で精査できます。また、その後に三次、四次面接が控えていることを考えると、より基本的な部分を見ておきたいと考えるのが普通です。

そして、その基本的な部分こそ、「明るい人だろうか?」「元気があるだろうか?」「ハキハキと受け答えできているか?」なのです。このことは、誰が面接しているのかを考えればすぐにわかります。一次面接や二次面接は、若手社員が担当しているのです。

若手社員が就活生のどこを見て、何を考えているのかというと、やはり「こいつと一緒に仕事をしたらうまくいくだろうか?」「この人が隣の席にいたら気分良く働けそうか?」などでしょう。なぜなら、若手社員は新卒社員との距離が近いからです。

もっと言うと、若手社員にとっての新入社員とは、近い将来の後輩であり、一緒に仕事をする未来の仲間です。そのような人を選ぶのが初期の採用過程であると考えた場合、「明るく、元気で、ハキハキ」している人を選びたくなるのは当然でしょう。

すでに入社している社員とはいえ、とくに若手社員は、深い部分まで仕事を理解しているとは限りません。多くの若手社員は、目の前の仕事をこなすのに精一杯なのではないでしょうか。そのとき、一緒に働く仲間は元気であれば十分です。

一方で、いつも暗く、元気がなく、ダラダラしている人と一緒に働きたいと思う人はいません。高度な技術が要求される専門職であれば、そういった表面的な指標はあまり問われないかもしれませんが、新卒社員であれば話は別です。

やはり、かつての自分がそうであったように、新卒社員にはフレッシュさが求められます。別の言い方をすると、「フィーリングが合うかどうか」ということでしょう。そして、若手社員がイメージするフィーリングとは、「明るく、元気で、ハキハキ」なのです。

一緒に働くということだけでなく、仕事を教えなければならないという点から考えても、やはり「明るく、元気で、ハキハキ」であることが求められます。友人関係と同じように、他人から好まれる性質をもつ人ほど、たくさん友達がいるものです。

もっとも、そのような性格の人だけが評価されるということではありません。少なくとも面接の問いには、できるだけ明るく、可能な限り元気に、ハキハキと意識して受け答えすればいいのです。そうした対応は、練習次第でできるようになります。

実際の業務においても、「その会社にふさわしいふるまい」は求められます。接客業であればいつもスマイルで、高級品を扱う企業であればつねに上品に、金融業であればスマートな印象で対応することが求められます。

そうであれば、面接の段階からその企業の社員になりきってみるのもいいでしょう。ただし、あくまでも新入社員としてです。新入社員の段階から「明るく、元気で、ハキハキ」ができないと思われてしまえば、二次面接を通過するのは難しいでしょう。

自分が得意なことを得意げに語ってはいけない

まず、大前提としてお伝えしたいのが、面接官は、あなたの自慢話を聞きたいわけではない、ということです。

そのため、「これはがんばった!」「これはスゴい経験だろう!」と思うことをそのまま話しても、評価につながるとは限りません。むしろ、それがマイナスの印象を与えてしまうこともあります。

資格の取得などはまさにそうなのですが、自分にとって「努力してこの資格を取得しました!」という意識と、人事担当者の「なぜその資格を取得したの?」という感覚は異なります。やはり、学生にとっての〝スゴい〟と、人事担当者にとっての〝スゴい〟は違うのです。

採用する側の立場で考えてみましょう。採用する側にとって、新卒社員は将来の部下であり、後輩です。また、一緒に仕事をする仲間でもあるため、積極的に働いてくれる人材であることが望ましいでしょう。どの企業でもそのような人間を求めています。

そう考えると、採用する側にとっての〝スゴい〟は、「指示に対して的確に、スピーディーに行動してくれる」「自分の指示を上回る動きをしてくれる」などが土台となります。そうした認識をふまえて、「この人はどこが優れているのか？」を質問しているわけです。

一方で、就活生の側からすると、「この会社で成果をあげたい」「他の人よりも早く出世したい」などと考えているかもしれません。そのような気持ちが、「私はこんなにがんばれる人間なので採用してください」という主張に表れてしまうのでしょう。

しかし、そのようなアピールばかりしていると、採用する側が求めているものとは異なっているため、「この人は使えないかもしれない」「自分勝手に仕事をするかもしれない」と思われる可能性があります。そうなると、内定は遠ざかってしまうでしょう。

大切なのは、「自分の部下になった場合に使えるか？」という、採用側の視点です。就活生の多くは、自分のスゴいところをアピールしたいと思うかもしれませんが、そのような自分視点の主張はそれほど意味がありません。大事なのは、上司・先輩としての視点です。

上司や先輩は、まず、「これをやって」と言ったことを素直にやれる人を求めています。さらに、普段の仕事も率先して取り組み、言われたことプラスアルファで取り組める人材を好ましく思っています。面接では、その点を主張するようにしてください。

言われたことを漏れなくちゃんとできることに加えて、他人がやりたくないと思う仕事でも自分から進んでできる人は、「この人は評価できる」と思われます。そのようなことを言葉で伝えられたら、内定までの距離は近づいていくことでしょう。

そもそも、学生時代に経験したスゴいことというのは、比較してみると、それほど他人と変わりません。使える時間も労力も、さらにはお金も限られているため、大人からすれば「どんぐりの背比べ」でしかないのです。

だからこそ、あらかじめ意図をもって話をしなければなりません。「本を100冊読みました！」だけでは、「そうですか。それがどうしたのですか？」となってしまいます。「よくがんばりました」で評価されるのは、学生までだと理解しましょう。

意図のある発言ということで言えば、たとえば私の場合、「甲子園に出場しました！」だけで終わらせてしまうのではなく、「ただ、最も大きな学びとなったのは、レギュラーになる前にグラウンド整備ばかりしていたころの経験です」とつなげます。

そうすると、単なる自慢話ではなく、泥臭い努力ができる自分の強みを強調できる話が展開できます。甲子園に出ること自体は単なる〝スゴい〟なのですが、それを面接官にとっての評価や価値に変えてあげられるよう、工夫してみましょう。

聞かれたことに答える学生は二流

面接では、面接官からさまざまな質問をされます。その過程で、質問された内容にそのまま答えている人もいることでしょう。しかし、聞かれたことを聞かれたとおりに答えるのは、就活生としてまだ〝二流〟であると思うようにしてください。

真面目な人ほど、質問の内容をよく聞き、聞かれたことに答えようとします。たしかにその姿勢は大切なのですが、聞かれたことにそのまま答えていると、シンプルな回答しかできなくなってしまいます。望ましいのは、相手の意図を考慮して答えることです。

そもそも、聞かれたことにすら答えていない人は三流です。まずは、質問内容をよく聞いてください。そのうえで、聞かれたことにそのまま答えている人は、さらにその先の質問をうながすような誘導を意識しつつ、回答するようにしましょう。

たとえば、「あなたの強みは何ですか?」と聞かれたとき。「私は学生時代に○○をがんばりました」と答えるのは三流です。それは単なるがんばったエピソードでしかなく、質問されている強みとは関連していますが、適切な答えとなっていません。

また、「私の強みは○○です」と答えるのは、質問に対して端的に答えてはいるものの、その先の質問をうながしてはいません。ですので、答え方としては二流です。ここでさらに、「なぜそうなのですか?」をうながす回答をしてみましょう。

私の場合であれば、「私の強みは泥臭いことです。ちなみに、自分のテーマカラーは茶色に設定しています。以上です」と答えます。このように回答すると、「なぜテーマカラーを茶色にしているのですか?」といった質問が引き出しやすくなります。

そこで、「実は、その茶色というテーマカラーは、野球部時代にグラウンド整備をした泥臭い経験とひもづいています。その話をさせていただいてもよろしいでしょうか?」とつなげるわけです。そうすれば、強みの根拠となるエピソードを自然に紹介できるのです。

このように一流は、聞かれたことに対して適切な回答をしつつ、さらにその先の質問をうながします。そこで、あらかじめ用意していた根拠となるエピソードを印象的に話すことで、面接官を感心させるのです。そのため、自然と評価されやすくなります。

これは、エントリーシートで面接時の質問事項を誘導するのと同じです。エントリーシートと面接はつながっているため、書いた内容が聞かれます。それと同様に、面接の中でも、次の質問を引き出すような答え方を意識してみるといいでしょう。

面接時の答え方の違い

（一流）
聞かれたことに適切な回答をしつつ、その先の質問をうながす人

（二流）
質問された内容にそのまま答えている人

（三流）
聞かれたことに答えていない人

ただ実際は、聞かれたことに答えられていない人が多いです。自分の中では、明確に回答しているつもりでも、相手に伝わっていなければ意味がありません。また、脈絡がない話をダラダラとし

てしまい、途中で質問の内容を忘れてしまう人もいるようです。

そのような人は、まず、冒頭で質問に答える練習をしてください。最初の段階で質問の答えを提示しつつ、次の質問をうながすような補足事項を加えてみましょう。そうすれば、話の途中で質問事項を忘れることなく、次の質問につなげられます。

長く話せばそれで評価されると勘違いしている人もいますが、自分勝手な回答をしていると、マイナスの評価をされてしまいます。組織で働く以上、自分のことしか考えていない人は敬遠されます。採用の段階であれば、まず採用されません。

そのような部下がいたら、上司としては扱いに困るだけです。そして面接官の大半は、将来の上司です。「こいつ、人の話を聞いていないな」と思われてしまわないよう、三流、二流、一流の違いを理解し、適切に答えられるようにしましょう。

面接が始まる5分前にすべきこと

次章のグループディスカッションのところでもご紹介しますが、面接が始まる前には、心の準備をしておかなければなりません。本番直前だからこそ、まずは気持ちを落ち着かせて、練習したとおりの実力が発揮できるよう心と体を整えておく必要があるのです。

具体的なアドバイスとしては、〝できるモードに切り替える〟といった方法が挙げられます。できるモードとは、「自分はできる人間だ！」「私は堂々と面接をこなせる！」などと、自己暗示してモードを切り替えることを指します。

感覚的に切り替えるだけでも構いません。大事なのは、通常モードからできるモードに切り替えることです。スポーツの試合前、選手が「いくぞ！」とか「やるぞ！」と気合いを入れるように、自分を本番の状態にもっていくことが求められます。

どのような方法で切り替えてもいいのですが、面接が始まる5分前ということを考えると、シチュエーションは限られます。社内の待合室で待機していたり、前の人が終わるまで椅子に座っていたりするケースが多いでしょう。

そのようなシーンを想定して、「自分はできる人間だ」と自己暗示をかけるのでもいいですし、その場で目立たないように瞑想しても構いません。あるいは、トイレに行けるのであれば、トイレに行って「自分はやれる、自分はやれる」などと唱えてもいいでしょう。

いずれにしても、自分なりのモードチェンジの手法をもっておくことが大事です。それをくり返し行えば、面接に限らず本番に強い人間になれます。あらかじめ、どこでも使えるルーティンを用意し、本番5分前に活用していきましょう。

そのうえで、モードチェンジするときに意識したいのは、「自信がある状態」です。面接での所作は、自信のある自分で行うことが大切です。誰しも、自信がなさそうな人よりも、自信に満ちあふれた人を評価する傾向があるためです。就職面接でも同様でしょう。

自信がある状態をつくるには、自信がある人をイメージする必要があります。具体的には、「大きな声でハッキリと発言する」「姿勢がピンと伸びている」「目を見開いて口角をあげている」といった所作が自然にできていると、自信があると見られやすくなります。

このように、自信がある人をイメージしてモードを切り替えていれば、頭の中だけでなく、行動にも落とし込まれていくでしょう。言葉や身振りを使って潜在意識を活性化させることを「インカンテーション」と言います。目指すのはそこです。

インカンテーション、あるいは洗脳や自己暗示に近いかたちで、自分のモードを切り替えることができれば、面接だけでなく、あらゆるシーンで活用できます。そしてそれは、社会人になった後も役立つのです。まずは、自分なりの方法を見つけてみてください。

最も簡単にできて効果的なのは、笑顔の練習でしょう。笑顔というのは、どのシーンでも活用できる、好印象を与えるテクニックです。とくに面接は、緊張して顔がこわばってしまいがちなので、笑顔になる練習をしておきましょう。

笑顔になると、表情が良くなるだけでなく、話す内容もポジティブになります。実際にやってみるとわかりますが、笑顔のままネガティブな話をするのは難しいです。前向きな話をすると、それだけで面接官の印象も良くなります。

笑顔ではなく、顔の筋肉をほぐすだけでも構いません。開始5分前に、顔のいろいろな部位を動かして、できるだけほぐしておきましょう。それを、できるモードに切り替えるための、ルーティンにしてもいいでしょう。

内定をとるための逆質問

本章の最後に「逆質問」についてふれておきましょう。

多くの面接では、「最後に何かありますか?」という逆質問をうながされます。このとき、「とくにありません」「大丈夫です」などと回答するのはNGです。必ず、何らかの逆質問事項を用意しておきましょう。

中には、「面接の中で聞きたいことはすべて聞けた」という人もいるかもしれませんが、それでも、用意しておいた別の質問をするべきです。「何もない」という返答は、「御社に対して興味がありません」と言っているようなもの。絶対にしてはいけません。

そのうえで、逆質問の際に意識しておきたいのは、他の人との差別化です。答える内容だけでなく、逆質問のときに「こいつは違うな」「なかなか面白い質問だ」などと思ってもらえれば、それだけで強い印象を残すことも可能です。

私が銀行の面接を受けたときにした逆質問は、「本当にお金を必要としている人、たとえば倒産しそうな会社に融資するのはリスクがあると思います。そのようなとき、どのように対処すればいいのでしょうか?」というものでした。

すると面接官からは、「私は倒産を勧めます。倒産にはマイナスのイメージもありますが、M&Aや事業再生なども検討することで、そこで働いている人にとってより良い環境を提供できるためです。倒産を勧めることも銀行員の仕事です」という答えが返ってきました。意図をもった質問をすればレベルの高い回答が返ってくるわけです。だからこそ、準備が必要になってきます。

もちろん、逆質問には絶対的な答えがあるわけではありません。そのときの状況によっても異なるでしょうし、どのような企業にどのくらいの融資を行うのかによっても変わります。ですので、面接官によって答えは異なるはずです。

ただ、ここで重要なのは、「私は、現場で働いている自分自身をすでに想定しています」ということを、面接官にイメージさせることです。質問に対する答えが重要なのではありません。大事なのは、「なぜその逆質問をしたのか」ということなのです。

現場で働いていることをすでに想定したうえで質問できるということは、つまり、当事者意識をもっていることになります。本当に採用されたいと思っているのであれば、「明日、現場で働いている自分」をリアルにイメージすることが重要なのです。

その企業にとってのクリティカルな質問をすると、面接官も真剣に答えてくれます。もし、質問したいことが思い浮かばないという人は、実際に入社して仕事をしている自分をイメージできていないということになります。どのような環境なのか？　どんな準備が必要なのか？　など、いろいろな質問が思いつくはずです。

ただし、調べればわかるような質問をするのはダメです。たとえば「私の仕事にはどんなものがありますか?」といった質問は、ホームページなどを閲覧すればわかります。そのような質問をすると、「よく調べていないのかな?」と思われかねません。

そのような質問をするのなら、「私は泥臭いことを強みとしているのですが、御社にとっての泥臭い仕事とは何だと思われますか?」など、相手の主観を交えて、それとなくアピールにつなげるといいでしょう。

6章

グループディスカッションは始まる前に勝負が決まっている

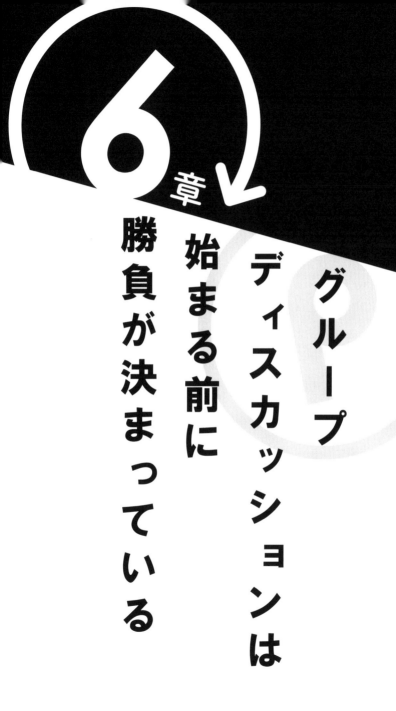

席についた瞬間に、隣の人との共通点を3つ見つける

第6章では、面接とともに重要な選考過程である「グループディスカッション」について学んでいきましょう。まずは、グループディスカッションに臨む際の心構えとして、「席についた瞬間に、隣の人との共通点を3つ見つける」ことについてです。

多くの企業では、個人面接と並行しつつ、グループディスカッションを実施しています。グループディスカッションでは、複数人でチームを組んで課題に取り組みます。それは、会社に入社してから誰もが取り組むこととなる「チームの仕事」と似ています。

そのためグループディスカッションは、チームで仕事をする〝仮想現実〟と言えるでしょう。人事担当者は、即興でつくった仮想のチームにおいて、それぞれがどのような言動や行動をとるのかチェックし、自社にあった人材かそうでないかを見極めています。

実はグループディスカッションは、実際の中身ではなく、始まる前にほぼ勝負が決まっています。

なぜなら人事担当者は、各自のコミュニケーション能力をチェックしているため、席についたとき、黙って座っている学生はマイナスなイメージを与えてしまうでしょう。

これから一緒に仕事をする人たちと事前にコミュニケーションをとっておかなければ、共同作業はできません。まずは左右に座った学生に対し、自分から率先して話しかけるようにしてください。

たとえば、次のように話しかけるといいでしょう。

「どこから来ましたか？」
「大学はどちらですか？」
「アルバイトは何かやっていますか？」

会話の内容はどんなものでも構いません。ここで重要なのは、隣の人と共通点を見つけること。できれば、少なくとも3つの共通点を見つけるようにしてください。複数の共通点があれば、お互いの距離を一気に縮めることができます。

出身地や学校、部活、アルバイトなどが同じであれば、そこから話題が広がっていき、すぐ友達になれます。共通点があることで、徐々にリラックスしていき、お互いににこやかな表情で会話できるようになるでしょう。

人事担当者は、あなたがそのような〝場の雰囲気〟をつくれる人かどうかを見ています。もちろん、話しかける相手によって会話が噛み合わなかったり、なんとなくウマが合わなかったりすることもあるでしょう。

そのようなときは、グループディスカッションの話をしてみてください。たとえば、次のように質問してみましょう。

「グループディスカッションは初めてですか?」

「どういう役割をやりたいですか?」

「(他社で経験していた人の場合)今までどんなお題が出ましたか?」

プライベートなことに関しては答えない人でも、これから行われるグループディスカッションには強い関心をもっているため、真剣に答えてくれるはずです。同時に、もうすぐ始まるグループディスカッションの対策にもなります。

あなたが最初に周囲に話しかけ、場の雰囲気をつくり、これから始まるグループディスカッションへの意欲を示すことで、それが人事担当者にも伝わります。ちょっとしたアピールと思われるかもしれませんが、意外に見られているものです。

また、絶対にNGなのが、スマートフォンでメールチェックをすること。スマホをいじるのは、その場にいる人に関心がないと宣言しているようなものです。

「まさか、そんな人いないでしょ!」と思う人もいるかもしれませんが、手持ち無沙汰になるとつい、いじってしまう人も多いです。スマホは電源を切り、カバンにしまっておきましょう。やはり、切り替えが大事です。

グループディスカッションで気をつける5つのこと

面接と同じく、企業が選考過程でグループディスカッションを実施している理由は、ミスマッチを防ぐことにあります。ただ、面接が〝個人と企業の相性〟を見ているのに対し、グループディスカッションでは〝組織で働けるかどうか〟を見ているケースが多いです。

たとえば、複数人で行っている議論を壊してしまう「クラッシャー」と呼ばれる人がいます。このような人は、それまで進めていた議論を無視して「でも、そもそもさ……」と前提を覆してしまいます。そうすると、議論はいつまで経っても前に進みません。

とくに、面接の前に行われることが多いグループディスカッションでは、そのような組織・団体の中で適切に行動できない人を見極め、ふるいにかけていると考えられます。言うなれば、〝変な人〟を落とすのがグループディスカッションの目的なのです。

もちろん、企業によって見ているポイントは異なります。チーム内でどのような行動をとっているのかを見ている企業もあれば、キラリと光る頭の良さを評価する企業もあります。同じグループディスカッションでも、若干の違いはあるのです。

ただ、難関企業のグループディスカッションは通過するのにもかかわらず、一般企業で落ちてしまう人は、周りの議論を壊していないかどうか反省してみる必要があるでしょう。どんなに頭が良くても、チーム内でそれを発揮できなければ、会社で評価されません。

能力がある人ほど悩ましいところなのですが、ことさらに自らの能力をひけらかすのは避けたほうがいいでしょう。たとえ「自分のほうが正しい」「自分でやったほうがうまくいく」と思ったとしても、チームプレイであることを思い出し、自制するべきです。

どのような人と同じチームになるのかは、就活生側で操作できないため、運の要素も大きいです。ときには、「明らかにレベルが違う……」という相手と同じチームになることもあるでしょう。そのようなときでも、孤立しないよう、和を保つ努力が必要です。

事実、会社に入社したあとも、レベルの違いを感じることはあるかと思います。あまりにかけ離れている場合は、「この会社は自分に合わない」と潔くあきらめてもいいのですが、そうでないのなら自分から寄っていく努力をしましょう。


あらゆる企業は、ともに働き、ともに成果をあげるための仲間を求めています。しかも、生涯年収で3億円という金額を支出して採用するのですから、協調性がなかったり、いたずらに和を乱してしまったりする人は避けたいと考えています。

繰り返しになりますが、「自分が採用する立場だったらどうか」という視点は、あらゆるシーンでもっておくべき発想です。とくに、経営陣であれば誰もがもっている「人材に投資する」という発想で、どのような点が見られているのかを考えるようにしましょう。

また、協調性と言ったとき「より良い結論を出すためには、ときに厳しい指摘も必要でしょう」

と考える人もいるかもしれません。たしかに、他人に合わせてばかりいては、建設的な議論ができないのも事実です。

しかし、ことグループディスカッションの段階で見られているのは、「一緒に仕事ができるかどうか」という点であることを忘れてはなりません。より良い結論も大事なのですが、就活生に求められているのは、その前提となる議論の流れです。

最終的な結論がより良いものになるようがんばり過ぎた結果、場の空気を壊してしまっては意味がありません。また、議論そのものにのめり込みすぎるのも危険です。あくまでも、人事担当者に見られているということを忘れないようにしてください。

「成功した」と全員が思うチームは受かる

「個人戦」の面接とは異なり、グループディスカッションは「チーム戦」となります。そのため、個人としての活躍というより、チームとしての成功を目指すことが大事です。メンバー全員が「成功した！」と思えたら、合格する可能性は高くなります。

ただ、中にはそうした事情を考慮せず、自分勝手にふるまってしまう人もいます。自己主張が強い人などはまさにそうなのですが、何でも自分でやろうとするだけでなく、他人の意見を聞かずに自らの意見のみで物事を進めてしまいます。

自己主張が強いこと自体が悪いわけではありません。自分の意見を主張することは大事なのですが、他のメンバーの意見もきちんと聞き、より良い結論を導き出してこそのチームプレイです。その点、自分勝手な行動は許されません。

勘違いしている就活生も多いのですが、グループディスカッションは、自分だけが目立てばいいのではありません。また、より多くの発言をしている人が評価されるわけでもなく、チーム全体として、より良い議論ができる状況を目指すべきなのです。

たとえ一言しか発言しなくても、その一言がチームの議論を前に進めたとしたら、それは重要な行動と言えます。社内会議においても同様で、「結論はこうですね」「こうしたらいいのではないでしょうか」などと、バシッと言える人の存在は重要です。

だからこそ、グループディスカッションでは目立つのではなく、またたくさん発言するのでもなく、「チームで成功するために自分は何ができるのか?」を考えて行動するようにしてください。

それが、自らの評価につながります。

もちろん、何も発言しないというのは論外なのですが、つねに「自分が、自分が」という姿勢や話しすぎるのも同じぐらいマイナスです。自己主張に終始するのではなく、議論をより良くする発言やサポートを心がけることが大切です。


ときどき、他人の意見を否定してばかりの人もいますが、それで議論が前に進むならまだしも、批判するだけであれば控えるべきでしょう。議論というのは、お互いの意見を交えて、さらによりハイレベルな結論へと導いていくために行うものです。

批判をするだけで自分の意見を言わない人は、否定されるのを恐れているのかもしれません。しかし、それぞれが自分の意見を出し合い、否定するのではなく高めていくことによって、より良い結論に近づけます。それが議論の基本です。

チームメンバー全員がそのような意識をもっていれば、議論はより活発になり、また無意味にお互いを否定することがなくなります。他人を否定すると自分が損をするとわかっていれば、自然にまっとうな議論ができるようになるものです。

そのような認識がなく、つい議論を壊してしまう「クラッシャー」がいる場合は、ぜひその人を建設的な議論のほうに誘導してみてください。具体的には、感情を逆なでするような言い方を避け、「キミの意見は素晴らしいね！」「知恵を貸してくれませんか？」などと、自尊心を高めてあげるといいでしょう。

同じような内容でも、言い方ひとつで相手に与える印象は変わります。とくにクラッシャーの人は、気に入らないことがあると非協力的になってしまいます。そのような状況を打破するために、あえておだててあげることも必要でしょう。

場合によっては、持ち上げてあげるような工夫も求められます。協力者になってもらえば、案外、心強いものです。敵にするのではなく、味方になってもらうこと。そのような意識で臨んでみてはいかがでしょうか。

グループディスカッションでは得意とする分野で戦え

団体戦であるグループディスカッションでは、最低でも3～4人、多くて8～10人前後でチームを組んで課題に取り組みます。その中で、チームの一員として、きちんとその人なりの役割を果たしているかどうかがチェックされています。

人事担当者は、「この人が入社したとして、チームでうまくやっていけるだろうか?」という点を見ています。4人いれば4人の仮想チームで、8人いれば8人の仮想チームをイメージし、個々人がどのようなふるまいをしているのか見ています。

ここまで読んでいただいている方はおわかりだと思いますが、「自己中心的な人」「他人の意見を聞かない人」「まったく発言しない人」「議論に参加しない人」「やる気が感じられない人」などは、まず落とされます。これらは、組織で働く人がもつべき基本スキルだからです。

おおよその落とす人数は、最初から決められているはずです。たとえば、8人中2人は落とすと仮定し、基本的なスキルが身についていない人はどの人なのかをチェックしています。ある意味、悪いところを探していると言ってもいいでしょう。

ただ、「できるだけアラを見せないようにしよう」と考えて臨んでいると、行動や発言が硬くなってしまいます。自分らしくふるまえず、結果的に、何ら活躍できないということになりかねません。そこで、具体的なイメージをもつようにしましょう。

ここで言うイメージとは、「会社の会議に参加したとき、自分はどんな役割を担うべきか？」という想像です。会社員になると、誰もが会議に参加しなければなりません。そのときに、自分なりの役割を担えないと、出席している意味がありません。

「出席」と「参加」は、似ているようで異なります。出席というのは、とりあえずその場にいることです。会議に出ていればそれだけで出席です。一方で、そこにいる意義を自分なりに見出しつつ、影響力を発揮できれば、それが参加となります。

社会人に求められているのは、当然、出席ではなく参加です。学生のうちは出席するだけで単位がもらえますが、社会人は会社から給料をもらっている以上、出席だけでなく参加しなければなりません。グループディスカッションでは、そのような点も見られています。

そこで、自分なりの役割を担うために、まずは自らの得意分野にフォーカスしてみてはいかがでしょうか。たとえば、グループディスカッションにおける役割には、次のようなものがあります。

- **司会進行（まとめ役）**
- **書記**

・タイムキーパー
・発表者

司会進行の人は、リーダーシップを発揮しながら議論を推進していきます。また、書記の人は議論の内容をまとめて記述し、タイムキーパーは時間管理を行うのが基本です。最終的に出た結論は、発表者の人が代表して発表します。

このうち、自分がどのような役目に向いているのかを見極めつつ、臨機応変に対応していくことが求められます。たとえば、いつもは司会進行をしている人でも、別の人が司会進行をやりたがっているのなら、あえて発表者にまわるなどの工夫も必要です。

自分の得意分野をもったうえで、その場その場の状況で適切に対応していけば、どのようなメンバーとでもうまくやっていけます。そしてそのスキルは、社会人になってからも重宝することでしょう。

余力があれば、練習の段階ですべての役割を体験してみることをオススメします。それぞれの役割を経験することで、どのような配慮や行動が必要なのかわかります。その結果、自分に合った役目も見極めやすくなるでしょう。

しゃべりすぎると落ちるのは本当か？

グループディスカッションに臨む際の注意点として、「むやみにしゃべりすぎると落ちる」というものがあります。これは、グループディスカッションで人事担当者が何を見ているのかを考えると、重要なポイントであるとわかります。

たとえば、チームスポーツの野球で考えてみましょう。4番ピッチャーが9人集まってもチームはうまくいきません。打撃は苦手だけど守備の要となるキャッチャーがいて、ホームランは打てないけどバントがうまい選手がいてこそ、チームはまわります。つまり、グループの中では適材適所が重要だということです。

グループディスカッションにおいても同様で、リーダーシップを発揮して議論を仕切る人もいれば、発言をうながす人もいますし、あるいは時間管理をする人も必要です。どれが重要というわけではなく、そのすべてがあってこそのチームプレイなのです。

そう考えると、自分だけがむやみにしゃべりすぎていると、評価が下がるのも当然でしょう。自分の役割を認識せず、また各人の役割についても考慮することなく行動すれば、結果的に、チーム全体の和を乱すことになりかねません。それは、組織人として失格です。

大切なのは、あくまでも「チーム・ザ・ファースト」で考える姿勢です。チームとして考え、チームの一員として行動し、チームとして成果を出す。グループディスカッションでは、そのような組織人としての自覚をもつようにしてください。

まだ組織に所属したことがない人にはイメージしづらいかもしれませんが、会社というのは個人を主張する場所ではありません。あくまでも、会社全体として高い成果をあげようとしているのであり、社員はその一員です。

それは必ずしも、「個性を消す」ということを意味するのではなく、個性を発揮したいのなら「チームのための個性を発揮する」という発想をもたなければなりません。最終的に、会社をより良くすることが社員の仕事なのです。

会社は従業員に給料を支払い、従業員はみんなで会社をつくっていく。個人の力ではなく、個と個を組み合わせてより大きな成果をあげてこそ、会社組織の意義があります。だからこそ、独りよがりの行動は認められません。

中には「自分だけで成果を出します」と考えている人もいるかもしれませんが、とくにグループディスカッションの段階でそのような態度を示していると、人事担当者からの評価は下がってしまいます。やはり、組織で活動できる人を求めているためです。

もちろん、自分から率先して話をしたり、意見を出したりすることは大切です。何も発言しないより、発言したほうがいいのは当然です。しかし、あくまでも節度をもって発言するという姿勢が、グループディスカッションでは重要なのです。

サッカーをしていても、自分だけがボールをもとうとすれば、相手に奪われてしまいます。やはり、他のメンバーの動きを見て、自分がもつシーンもあればパスをするシーンもあるはずです。その最適な選択を見極めることも、社会人には必要でしょう。

もしその企業が、個人で結果を出してくれる人を求めているとしたら、選考過程にグループディスカッションを入れていないはずです。しかし、グループディスカッションがあるということは、チームでの活動を重視していると考えられます。

そのような事情を考慮し、グループディスカッションに参加するときは、「話しすぎていないか」についてもチェックしてみましょう。個人で結果を出したいという気持ちは、控えめにしておくべきです。

グループディスカッションで差別化するために1日5分引き出しを作る

面接でもそうなのですが、自らの「引き出し」を増やしておくことは、グループディスカッションでも重要です。引き出しが多ければ、それだけ斬新なアイデアを生み出しやすくなりますし、議論のとっかかりもつかみやすくなります。

また、他のチームとの差別化を図るという点から考えても、引き出しは多ければ多いほうが有利です。議論の内容はもちろん、最終的な結論や発表内容に関しても、より人事担当者の記憶に残りやすくなるからです。加えて、他人とは異なる視点で物事を進められます。

表面的な知識をいくら増やしても、実践で使えなければ意味がありません。たとえば「いいものをつくれば売れるだろう」という発想は、いかにも正しいように思えますが、実際の社会はそれほど甘くありません。いいものをつくるだけでは売れないのです。

そこで、市場分析を含むマーケティング施策を検討し、いい商品を売るための工夫をしていきます。ただいい商品をつくるのではなく、それを実際に売るための知識や技術が求められるということです。使える知識とはまさに、そういったものを指しています。

使える知識を増やすには、日頃の訓練が大事です。日々、情報をキャッチするためのアンテナを張り、経済ニュースなどを中心にウォッチするようにしましょう。スマートフォンアプリを使えば、最新の情報をチェックできるはずです。

大切なのは無理なく続けることです。「1日、新聞を3紙読む」などの目標を掲げるのもいいですが、続かなければ意味がありません。日常生活の中で、それほど苦労することなくできることからはじめてみましょう。1日5分でも構いません。

また、インプットするだけでなく、アウトプットする努力も同時に行ってください。インプットばかりしていると、いざというときアウトプットできません。つまり、使える知識にならないのです。だからこそ、外に出すことが大事です。

たとえば、学んだ知識を雑談として話したり、SNSで発信したりすれば、インプットとアウトプットが習慣化されていきます。そのひとつひとつが自らの引き出しになり、知識という名のタンスが充実していくのです。

そのように、得られた知識は普段からどんどん使うようにしてください。使えば使うほど、定着していきます。日々の情報をキャッチし、発信することが、グループディスカッションでのハイレベルな発言につながります。

他のチームとあえて真逆の回答をいけ

たくさんの引き出しがあれば、それらを組み合わせて斬新なアイデアを生み出すことができます。その中で、最終的に発表する内容については、他のチームとかぶらないことはもちろん、できれば〝真逆〟の発想を取り入れてみてはいかがでしょうか。

毎年のように選考を担当している人事担当者だと、発表した内容がどれも似通っていると「よくある提案だ」「どこかで聞いたことがある」などと思うものです。そうなると、無難な内容でまとめることはできるかもしれませんが、印象には残りません。

しかし、せっかく発表するのであれば、人事担当者の印象に残るほうがいいでしょう。その点、他のチームとは異なる内容、それも真逆の発想をあえて取り入れるというのもひとつの方法です。あるいは、常識の逆をいくというのも面白いかもしれません。

たとえば、「たばこを吸う文化を残すべきか？」という課題が出されたとしましょう。常識的に考えると、「たばこは健康を損なう」「経済的な損失も大きい」「副流煙は周囲にも悪影響を及ぼす」など、たばこのマイナス面を思い浮かべる人がほとんどだと思います。

私ならあえてたばこのプラス面にフォーカスします。仮に、たばこの価格を上げて、たばこ税の税収を増やすことができれば、消費税を下げることができるかもしれない。たばこは嗜好品なので、好きな人がお金を出しているわけで、たばこを推進したほうが日本の経済は潤うし、我々としてもメリットが大きいのではないか……。

いかがでしょうか？　これなら常識的な意見にとらわれないうえに、新たな提案をうながすことができます。他のチームとも差別化しやすくなるため、人事担当者の関心も集められる可能性もあるでしょう。結論の正しさより、インパクトを意識することも大事です。

ネット記事などは、そのような〝逆張り〟のものが散見されます。誰もが疑わない常識を「食べてはいけないこんな食品！」「日本人が知らない危険な7つの常識」などとキャッチーなタイトルをつけて発信し、注目を集めています。あえてキャッチーなタイトルで発表する必要はありませんが、内容に関しては、注目されるに越したことはありません。

どの選考過程でも言えることですが、印象に残るかどうかは重要です。常識的な正論を並べるだけであれば、わざわざチームで議論する必要はありません。発表するのは議論を経て出した結論なので、時間と労力をかけただけの成果を提示しましょう。

そのための最も簡単な手法が、常識や他人の意見の逆をいく発想です。そこから、議論を組み立ててみてはいかがでしょうか。

物事を逆から考えてみると、賛成と反対のどちらのスタンスを採用しても、一定の根拠を示せるとわかります。重要なのは、あらかじめスタンスを明確にしたうえで、必要な根拠を集め、論理構成をつくることなのです。

スタンスを明確にしたら、そこからいくらでも調べられます。統計情報などを検索すると、数字のうえから現状を把握できるだけでなく、自分たちの結論を補強するために役立てられます。スタンスを決めて、調査してみましょう。

逆張りをしつつ、きちんとデータで補強して、論理的な結論を導くこと。グループディスカッションでは、そのような結論のあり方も意識してみてください。もちろん、他のメンバーと相談しながら煮詰めてみましょう。

タイムキーパー役でもこうすれば受かる！

本章の最後に、個々人の役割についてふれておきます。グループディスカッションでは、チームメンバーがそれぞれの役割を担うこととなります。そのとき、選考に有利な役割とそうでない役割というのは、そもそも存在しているのでしょうか。

結論から言うと、どの役割を担ったとしても、チャンスは平等です。「発表する人が最も目立てるはず」と考えている人もいますが、決してそんなことはありません。大事なのは、自分の役割をきちんと自覚し、最適な行動をとれるかどうかなのです。

たとえば、議論から発表までの時間を管理する「タイムキーパー」という役割があります。「タイムキーパーは時間を見ているだけなので評価されにくい」と思う人もいるかもしれませんが、実際は、タイムキーパーならではの評価ポイントがあります。

「タイムキーパーは評価されにくい」と思っている人は、タイムキーパーの役割を〝時間を計る人〟

としてしかとらえていないのではないでしょうか。しかし、どの役割でもそうですが、それぞれのやるべきことをより掘り下げて考える必要があります。

仮にタイムキーパーの役割を「時間内で最大限の成果をあげるための提案をする人」と定義するとどうなるでしょうか。グループディスカッションの時間はあらかじめ決められています。最終的には、議論の内容をまとめ、発表しなければなりません。

「30分後に発表してください」と言われていたとしたら、30分という時間の中で議論をし、議論の内容をまとめ、結論を出し、最終的にどう発表するかまで考えなければなりません。発表時間が3分であれば、3分以内で発表できる内容にする必要もあるでしょう。

そのとき、タイムキーパーがやるべきなのは、少なくとも「①スタートの段階でやるべき事柄を決める」「②時間配分を構成する」「③途中経過を管理する」「④発表の練習時間を設ける」という4つが挙げられます。時間を管理するだけではないのです。

「①スタートの段階でやるべき事柄を決める」というのは、30分という限られた時間の中で、何をすれば最も高い成果をあげられるのか考えつつ、必要事項をピックアップすることです。たとえば、「テーマ設定」「立場の明確化」「根拠の選定」などが挙げられます。

「②時間配分を構成する」というのは、それぞれの必要事項をどのような順番で、どのくらいの時間をかけて行うのかを検討することです。たとえば、テーマ設定に5分、立場の明確化に5分、根拠の選定に10分、結論に5分、練習時間に5分、などです。

やるべきことが決まり、それぞれの順番と時間配分も明確化されれば、時間を有効に使えます。また、進行状況も把握できるので、慌てることなく議論を進められるでしょう。それもまた、タイムキーパーの役割です。

3つ目の「③途中経過を管理する」というのは、「残り15分です」など、節目の時間に集中させる活動です。このとき、できていない項目についても知らせつつ、やるべきことを微調整していくといいでしょう。

グループディスカッションは発表もひとつの要になります。そのため「④発表の練習時間を設ける」は非常に重要なので、タイムキーパーはその意識をもっておくこと。本番では、計画通りに議論を進められるとは限りません。たいていの場合、時間が足りなくなるはずです。本番前に時間配分を微調整しながら練習できれば、滞りなく発表を終えられるでしょう。

このように、タイムキーパーがやるべきことはたくさんあります。ただ時間管理だけをするのではなく、時間という視点から全体を管理する必要があるのです。その点をアピールすれば、タイムキーパーでも高い評価を得られるでしょう。

7章

OB訪問ではアイスコーヒーを頼むな

ＯＢ訪問の目的は就活生と社会人との差をつめること

この第7章では、企業研究の過程で重要な位置を占める「ＯＢ（ＯＧ）訪問」について学んでいきましょう。ＯＢ訪問では、自分の大学の卒業生（ＯＢ・ＯＧ）などにアポイントを取り、ヒアリングし、既存の情報とは異なる内情などを調査していきます。

たまに、たいした準備をすることなくＯＢ訪問をしている人もいるのですが、それでは得られるものも限られてしまいます。何より、せっかく確保してもらった時間をムダにすることとなり、ＯＢ・ＯＧの人にも迷惑をかけることとなってしまいます。

そこで、まずはＯＢ訪問に対して目的意識をもつことから始めましょう。目的意識とはつまり、「何のためにＯＢ訪問をするのか」について、あらかじめ考えておくことを指します。そのような目的意識があってこそ、適切な行動がとれるようになるのです。

目的意識がない人は、「とりあえず会ってもらおう」「その場でいろいろ聞いてみよう」などと考え、結果的に、どうでもいい質問をしてしまいます。仕事に関係なく、「趣味は何ですか?」「休みの日は何をしていますか？」などを聞いても、話は広がりません。

あくまでも、「就職活動の一環として話を聞いている」という意識をもちましょう。そして、「就職活動を成功させるために、限られた時間で、聞くべきことをすべて聞く」という、強い気持ちをもつようにしてください。


目的意識をもち、真剣に聞こうとすればするほど、OB・OGも真剣に答えてくれるものです。本気度が低いと、「こいつは何も考えずに来ているな」「ただ周りがやっているからOB訪問しているな」と思われてしまい、本音で答えてもらえません。

もちろん、対応しているOB・OGにも狙いはあります。社員として話をしているのですから、「優秀な人材を獲得したい」「自社に興味をもってもらいたい」と考えているはずです。ただ、それだけでなく、できれば本音を引き出せるよう工夫してください。

また、質問事項の基本は「5W1H」で組み立てるといいでしょう。5W1Hとは、次のような項目です。

・Who（だれが）
・When（いつ）
・Where（どこで）
・What（なにを）
・Why（なぜ）
・How（どのように）

たとえば、「どのような人が」「いつ」「どこで」「どのような仕事を」「何のために」「どのように」やっているのか聞いていくと、仕事の全体像が見えてきます。将来、そこで働く自分の姿もイメージしやすくなるでしょう。

また、5W1Hを活用することで、ヒアリングの内容もより具体的になっていきます。「そうなんですね」「なるほどですね」などと相づちを打っているだけだと質問は深まりませんが、「具体的にどこで行っていますか？」「なぜそのようにしているのですか？」と聞くことで中身が濃くなっていくのです。

インタビューに慣れていない人ほど、質問事項が単調になりがちです。せっかく質問するのなら

「おっ、なかなか面白い視点だね」「いい質問をするね」と思ってもらったほうがいいでしょう。そのヒントは、具体化と掘り下げにあります。

ひとつの質問とその回答からポイントになりそうな部分をピックアップし、5W1Hで掘り下げていくだけでも、より価値のある答えが引き出せます。一定の練習は必要ですが、よりクリティカルな質問を通して、「就活生」と「社会人」との距離を縮めていきましょう。

質問は前もってメモしておく

OB訪問では、あらかじめ質問事項を用意しておかなければなりません。社会人は非常に忙しいです。わざわざ時間をつくってもらっているということを踏まえ、できるだけ、時間内で聞きたいことをすべて聞けるよう準備しておきましょう。

用意する質問事項に関しては、「その人でなければ答えられないこと」を意識してください。たとえば、「年収はどのくらいですか?」「就業時間は何時から何時までですか?」などの質問は、調べればわかりますし、また他の誰にでも聞ける話です。

しかし、せっかく特定のOB・OGに質問するのですから、その人でなければ答えられない質問を用意しましょう。具体的には、「どのような仕事がありますか?」ではなく、「○○さんの専門分野について、その仕事内容を教えてください」と聞いてみるのです。

そのような質問をするには、あらかじめ、相手のことを調べておかなければなりません。たとえば、自分がトップ営業マンを目指しているのなら、営業成績が優秀な人に話を紹介してもらい、「どうすればトップ営業マンになれるのか?」を聞くべきでしょう。

ヒアリングの背景には、そうした自分の目指していること・ものへの意識も欠かせません。OB・OGの多くは「何を目指しているの?」「どうなりたいの?」といったことを聞いてくるはずです。そのときに、明確な回答ができるようにしましょう。

何を目指しているのかわからなければ、相手もそれに沿った話ができません。また、OB訪問で得られた知識は面接でも披露するべきなので、そのときに、説得力のあるトークを展開するためにも自分が目指すものへの意識は大事です。

たとえば、「私はOB訪問させていただいたときに教えていただいた○○さんのやり方を参考にし……」などとトークを展開すれば、「この人はちゃんとOB訪問をし、その内容を自分で活かそうとしている」と評価されやすくなるでしょう。

ちなみに、ＯＢ訪問する人数については、できるだけ多いに越したことはありません。大切なのは量と質です。量だけ多くてもダメですが、少ないよりは多いほうがいいでしょう。最初のうちは質が高まりにくいため、数を確保してください。

ただし、１００人、２００人とＯＢ訪問するのは現実的ではありません。一方で、１人だけしましたとなると、「この人、本当に第一志望なのかな？」と疑われてしまいます。ですので、時間の限り、訪問する人数を増やせるよう工夫しましょう。

とくに、訪問する人数が少ないと、その会社のいいところを伝えても「それはあなたの憶測ではありませんか？」「数人しかＯＢ訪問していないのにそう断言できますか？」などと突っ込まれたとき、反論できなくなってしまいます。

ＯＢ訪問に量が求められる理由はここにあります。無意味にたくさんのＯＢ・ＯＧに会う必要はないのですが、少なくとも、面接時に説得力のある人数は会っておくべきです。それがすなわち、第一志望への説得力を高めることにつながります。

企業にもよりますが、最低でも３〜６人ほど会っておくといいのではないでしょうか。時間がない人は、座談会などに参加し、人数を稼いでも構いません。大切なのは、より多くの人に会おうと努力することです。

中にはOB・OGと1対1で会うことにこだわっている人もいますが、意見を聞ければ座談会でもいいのです。使える時間は限られています。座談会や懇親会も活用しつつ、たくさんのOB・OGから話を聞くようにしましょう。

OB訪問で時間を守れない人が意外に多い

OB訪問において最も避けなければならないのは「遅刻」です。基本的には、約束の時間より少し前に着いておき、質問内容などの準備をしておきましょう。少なくとも、約束の時間を守れないということがないようにしてください。

「時間に遅れる人なんているの？」と思うかもしれませんが、実際には、時間にルーズな人が少なくありません。学生のノリで「先輩に会いに行く」と考えていると、つい甘く考えてしまい、寝坊したり出発が遅れたりしてしまうのでしょう。

しかし、社会人にとって時間を守ることは基本中の基本です。どんなに優秀な人でも時間を守ることができなければ、信頼されることはありません。とくに社会人になる前の就活生は、まず、時間を守ることを最優先事項として認識しておきましょう。

信頼関係を構築するには大変な労力が必要ですが、失うときは一瞬です。OB訪問は、わざわざ時間を割いて対応してくれるのですが、時間に遅れてしまうと、それだけで信頼を失ってしまいます。それだけは避けるようにしましょう。

時間にルーズな人の中には、OB訪問を「選考とは関係ないからいいだろう」と考えている人もいるかもしれませんが、OB訪問は〝面接の延長〟であると考えたほうがいいでしょう。OB・OGの評価が、採用に関連しているためです。

つまり、OB訪問のときにどのような対応をし、どのような態度で、どのような質問をするのかという点も、選考過程として見られているということです。OB・OGが「こいつはちょっと……」と思うような人を、わざわざ選考に通す必要はないのです。

そのため、OB訪問は面接と同様に準備をし、気合いを入れて臨むようにしてください。むしろ、一次面接の前のプレ面接に参加するという意識をもち、ここでの評価が次につながるのだということを忘れないようにしましょう。

また、OB訪問のマナーとして、意識的に感謝の言葉を伝えるよう心がけましょう。一流の人は4回、「ありがとうございました」と伝えています。

一切お礼を言わないのは、論外。三流ですね。

お会いしたときに「本日はお忙しいところありがとうございます！」とお礼を言い、食事や飲み物をおごってくれるケースが大半なので、支払ってもらったときに「ありがとうございます！」と伝える。ここまでで二流です。

一流はさらに、面談が終わった後に、「本日はありがとうございました！」という内容のメールを送ります。その場だけでなく、終わった後にも感謝を伝えることで、気持ちが届きやすくなります。優秀な社会人は誰もが行っていることです。

これで3回なのですが、もし別の機会で会うときにも感謝の言葉を伝えるといいでしょう。「先日はありがとうございました！」と率先して述べれば、「ああ、あのときはどうも」という感じで、お互いの距離も縮まるはずです。

このように、OB訪問では時間、対応、感謝というそれぞれの視点から、きちんと配慮しなければなりません。なんとなく行っているだけでは、その程度の価値しか生みません。やはり、貪欲な姿勢で臨むことが大切でしょう。

また、そのような対応をくり返していると、社会人としての基礎力も養われていきます。正しい態度で社会人に接すれば接するほど、自らのビジネスマナーも向上していくものです。ぜひ、身を入れて取り組むようにしてください。

なぜOB訪問でアイスコーヒーを頼んではいけないのか？

よくある就活本では、OB訪問の解説で「相手より高いものを注文するな！」と書かれています。OB訪問は、喫茶店や飲食店で行われるケースが多く、そのときに相手より値段が高いものを頼んではいけないというアドバイスです。

では、なぜ相手よりも高いメニューを頼んではいけないのでしょうか。その理由は2つあります。ひとつ目は、OB・OGがお金を出してくれるケースが多く、できるだけ負担を減らすという配慮のため。2つ目は、礼節がある人かどうかを見られているためです。

「自分でお金を出せばいい」ということではありません。教えを請う相手よりも豪華なものを注文する行為は、人に対する敬意が欠けています。先輩の前でそれをする人は、お客さまや取引先の前でも同じように振る舞ってしまうでしょう。

組織の中で、相手のことを思いやって仕事をしていくことは、最低限のマナーです。それができないと、ともに働く仲間として敬遠されてしまいます。少なくとも、企業で働く社会人として不適格と判断されてしまいます。

また、「メニューを見て1分以上考えてはいけない」ということも意識しておきましょう。ファミレスなどで分厚いメニューを見ながら、「どれにしようかな……」「こっちがいいかな……」などと迷ってはいけません。

社会人は時間がすべてです。もっと言えば「時間＝お金」と考えてもいいでしょう。そのため、時間管理ができない人は、それだけで〝できない社員〟のレッテルを貼られてしまいます。自分の評価を下げて得になることはありません。

さらに、OB訪問のときには「アイスコーヒーを頼んではいけない」という、トップビジネスマンの中での暗黙のルールもあります。アイスコーヒー以外でも、アイスティーやコーラ、烏龍茶も同様で、つまりコップに水滴がつくものはすべてNGです。

OBと一緒に喫茶店に行ったときに、OBは会社のパンフレットを、学生はエントリーシートをテーブルの上に広げるかと思います。あるいは、ノートパソコンやタブレットを活用する人もいるでしょう。

そのときに、水滴でテーブルが濡れていたとしたら。書類や電子機器はどうなってしまうでしょうか。置けるスペースが限られてしまったり、水滴に気を取られながら話を聞いたりしなければなりません。それでは集中できないでしょう。

また、夏に熱い紅茶を頼むあなたを見て、OB・OGは「なぜ冷たい飲み物を頼まないの？」と聞いてくると思います。そこで「大事な書類を濡らしたくないので、温かい飲み物を頼むようにしています」と答えれば、他の学生との違いも強調できます。OBが若手の社員ならば、このルールを知らない人も多いので、一目置かれることは間違いありません。

とくに老舗の会社や上場企業は、OB訪問のときから、将来の幹部候補生にふさわしいかどうかをチェックしているという話もあります。こうしたテクニックをマスターしておけば、入社したときすでに、幹部候補生としてマークされる人材になれるかもしれません。

大切なのは、相手のことを考える姿勢です。その場のシチュエーションをイメージし、どのような行動をとるのが最適なのか、つねに考えておきましょう。

ＯＢ訪問サービスとキーマン社員に出会う方法

最近では、インターネット上などで、ＯＢ訪問専用のマッチングサービスが提供されています。そのため、かつてのように大学の先輩などを探して紹介してもらわなくても、志望する企業のＯＢ・ＯＧと会いやすくなりました。

こうしたサービスを活用すれば、出会えるＯＢ・ＯＧの幅も広がるはずです。また、各種人材サービス会社などが提供しているため、安心して利用できるという特徴もあります。私が調べた代表的なものとしては、次のようなサービスがあります。詳細については各自でご確認してください。

・ビズリーチ・キャンパス　https://br-campus.jp/

その名のとおり、人材サービスを展開しているビズリーチ社が提供するＯＢ訪問専用サービスです。学歴フィルターが用意されていることに加え、オンラインでＯＢ訪問できるため、時間や場所に拘束されることなく志望企業の先輩と出会えます。

・ニクリーチ　https://29reach.com/

こちらもビズリーチ社が提供しているサービスなのですが、「ビズリーチ・キャンパス」のような王道のOB訪問ではありません。企業の担当者とお肉を食べながら、カジュアルに情報収集するというコンセプトです。一風変わった出会いが期待できます。

・OBトーク　https://ob-talk.com/

システム開発を行っているアスレバが提供する「OBトーク」は、就活生と社会人の簡単マッチングサービスです。選択式メッセージで気軽にトークできることに加え、相手の評価も見られるため、安心してOB訪問することができます。

・Matcher　https://matcher.jp/

OB・OG訪問マッチングサービスや就活情報メディアを運営するMatcher社が提供する本サービスは、会いたい社会人のお願いをかなえることで、就活相談にのってもらえるサービスです。利用者の多くは、OB訪問のきっかけとして活用しているようです。

・HELLO,VISITS　https://vis-its.com/

「HELLO,VISITS」は、コミュニティやクリエーションスペースを提供するVISITS Technologies社のサービスです。企業の認可を受けた社会人と出会える機会が用意されており、良質なつながりの形成にも役立ちます。

・Recme（レクミー）　https://www.recme.jp/

「Recme（レクミー）」は、さまざまなキャリアを経験している先輩社会人を探せるサービスです。特定の人の「気になる」ボタンをタップすれば、その社員・企業からメッセージが届き、その後のアポイントにつながります。

このように、OB訪問関連のサービスにはさまざまなものがあります。自分に合ったサービスを活用し、効率的にOB・OGと出会うようにしましょう。また、実際に会ったときには、次につながるキーマンとの出会いにもつなげてみてください。

キーマンとは、自分が就きたいと思う仕事をしている人のことですが、たとえ直接つながれなくても「紹介してください！」とお願いすることで、出会える可能性もあります。まずは、素直にお願いしてみること。そのためにも、会いたい人を具体化しておきましょう。

キーマンを紹介してもらえなくても、「どこに行けば会えますか?」と聞くことはできるはずです。最後まであきらめず、出会える場所を特定することで、アプローチする方法を探ってみてください。

もちろん、サービスを利用せずとも自分で開拓することもできるので、私の例を挙げたいと思います。

大学生のときに、知り合いから大手鉄道会社の社員の人を紹介をされました。お会いできる際に、エントリーシートを持参したのですが、ホームページに書いてあるような事をコピペして、ありきたりなことを書いていってしまったんです。そうしたら、「こんな誰でも書けるようなことを書いてくるな。もっと自分の足を使った情報じゃないと信憑性がない」と怒られました。

そこで、その鉄道会社のある沿線を10駅、1駅ずつ調べてまわったんです。休憩スペースがあるかとか、バリアフリーになっているかとか、自販機の数とか。その過程である駅を調べているときに駅が広かったので駅の案内図をもらおうと思い、窓口へ行きました。就職活動に向けて調査していることを伝えたところ、とても感心していただいて、私の大学のOBの社員を紹介してくれたんです。

ＯＢ訪問の目的をきちんと考えておこう

前項でご紹介したように、現代では、提供されている各種サービスを活用することで気軽にＯＢ訪問ができるようになりました。裏を返すと「ＯＢ・ＯＧがいないから訪問できない」という言い訳は通用せず、就活生であればＯＢ訪問は必須となります。

場合によっては、なかなか先輩が見つからないこともありますが、探していると、必ずどこかにＯＢ・ＯＧがいるはずです。探す努力をしないままあきらめてしまうと、面接で「熱意が足りない」「リサーチ力がない」と思われても仕方ありません。

重要なのは、どうやって探し、どうやって出会うかです。これは就職活動以外にも言えることなのですが、本当に出会いたい人がいるのなら、自分から積極的に情報発信をするべきです。相手が出会いにくい人であるならなおさらです。

たとえば、説明会やセミナーで会った人に伝えたり、友人や知人に伝えたりすることは誰でもできます。また、ＳＮＳで「こんな人に出会いたい」「この企業の先輩を探しています」などと発信すれば、向こうからコンタクトしてくるかもしれません。

いずれにしても、自分がどのような企業のどのような人と出会いたいのかを明確にし、自ら発信していけば、出会える確率は高まります。人と人とがつながる裏側には、そうした地道な努力があるものです。根気強く取り組みましょう。

とくに就活生が意識しておきたいのは、「どんな人に出会いたいのか」ということでしょう。「〇〇という企業の先輩を探しています」という人は多いのですが、どのような人を探しているのかまでは明確化していないケースが大半です。

しかし、紹介する側としては、どのような目的で、どのような人に会いたいと考えているのかがわからなければ、適切な人材を紹介できません。マッチングサービスを利用するときも同じで、自分が求めている人材を理解しておくことは必須でしょう。

会いたい人が明確でない場合「とりあえずたくさんの先輩に会っておけば大丈夫だろう」と考え、行動している人もいますが、ＯＢ訪問ばかりに時間と労力をかけるのは得策ではありません。なぜなら、ＯＢ訪問をしても内定を得られるとは限らないからです。

ＯＢ訪問の目的を思い出しましょう。企業に勤めている先輩から話を聞く理由は、各種媒体からは得られないリアルな情報を得るためです。いくら企業が選考過程の一環としてとらえているとは言え、就活生の目的は情報収集に他なりません。

情報収集ばかりしているだけでは内定が得られないように、ＯＢ訪問もまた、それだけで就職できるわけではありません。明確な理由があるのなら、「ＯＢ訪問をしない」と決断したとしても、内定を得られるケースはあるのです。

だからこそ、ＯＢ訪問をするのであれば、目的が重要となります。会うこと自体が目的なのではなく、また会った人数を稼ぐことも本質ではありません。何のためにＯＢ訪問をするのか、自分の言葉で語れるようにしておきましょう。

イメージとしては、「〇〇という目的で〇人のＯＢ・ＯＧに会いました。そこで得られたのは……」というように、面接で語れるのがベストです。情報収集に加え、その先にある選考過程で使えるような情報の組み立てを意識してください。

もちろん、自分の迷いを消すためにＯＢ訪問をするという視点も大切です。よりリアルに仕事を理解すればするほど、仕事をしている自分が想像しやすくなります。それが、説得力のある志望動機に結びついていくのです。

8章

50社落ちても最後の1社が受かれば同じこと

結局、一緒に仕事をしたいかどうかで入社が決まる

最終章となる第8章では、本書のまとめとして「就職活動において〝成功する〟とはどういうことか？」について考えていきましょう。

成功の定義を誤解していると、結果を出すための行動を誤ってしまい、納得のいく活動ができません。

本章のタイトルにもあるように、究極的には「50社落ちても最後の1社が受かれば同じ」という発想が、就職活動の基本です。つまり、第一志望の企業から内定を得られれば、その他すべての企業に落ちてもいいということです。

就職活動をしていると、つい「いくつ内定が得られた！」「難関企業〇社を制覇した！」などという、周囲の声にまどわされてしまうものです。しかし、そこに就職活動の本質がないということは、すでにお伝えしてきたとおりです。

どれほどたくさんの企業から内定を得ていたとしても、入社できるのはそのうちの1社だけ。その1社でミスマッチをしてしまうと、結果的に、「就職活動に失敗したこと」となりかねません。それでは、お互いに不幸となってしまうでしょう。

考えてもみてください。これから先の社会人人生において、家族といるより長い時間を過ごすのは会社であり、そこにいる上司や同僚たちです。そのため、本当に自分が入社したいと思えるような企業を見つけなければ、就職活動は成功と言えません。

どのような企業に入社する場合もそうですが、結局のところ、就職活動というのは個人と企業のマッチングです。就活生は「この会社で働きたい！」と思う企業に応募しますし、企業は「この人と一緒に仕事をしたい！」と思う人を採用します。

就職活動に関連するテクニックばかりに注目していると、こういったシンプルな構造を見失ってしまうことがあります。しかし、最終的にはマッチングであり出会いであるということを理解しておけば、成功の定義は自ずと決まってくるのです。

ただ、そうは言っても、「第一志望の企業から内定を得られればあとはどうでもいい」と考えるのは、ちょっともったいないと思います。それと言うのも、就職活動は辛い部分も多いのですが、一方で、学べることもたくさんあるからです。

就職活動は、学生から社会人になるための、最初のステップです。自己分析やエントリーシートの作成、ＯＢ訪問、さらには就職説明会やセミナーへの参加を通じて、少しずつ自らの認識を変えていく。まさに、大人になっていくわけです。

その過程で、自分自身の甘さを自覚することもあるでしょう。また、学生時代はそれで良かったけれど、社会人になると通用しない所作や振る舞いなども見えてくるかと思います。そのときに、自らを正すようにしてください。

短期的な視点しかもっていない人ほど、結果にばかり注目しているものです。しかし、その過程で学べることをおろそかにしていると、就職活動という人生の節目を単なる〝通過儀礼〟としてしかとらえられません。

優秀な人ほど、短期ではなく中長期的な視点をもっているものです。そのような人にとって、就職活動もまたひとつの学びであり、試練のようなものです。だからこそ、ただ通過するのではなく、経験を学びに変えようとしています。

就職活動が終われば、その後は長い社会人人生が待っています。その中で、自分がやりたいことをやり、成し遂げたいことを成し遂げるには、一定のスキルが必要です。そのための学びは、就職活動の中に含まれています。

就活と恋愛には共通点と相違点がある！

就職活動のイメージをつかむために、〝恋愛〟や〝結婚〟に例える人がいます。企業を人に見立て、お互いが理想とするマッチングを実現することこそ、就職活動のゴールであるという発想です。このような発想はある意味、真実を含んでいると思います。

なかなか成果があがらず、志望企業に落ち続けていると、「自分はどこからも内定を得られない」「必要とされていない人間だ」と落ち込んでしまうこともあるでしょう。しかしそれは、就職活動の過程でしかありません。落ち込む必要はないのです。

自分が本当に入社したいと思う会社と出会えたとき、誰もが本当の実力を発揮することができます。そう考えると、途中でうまくいかないことがあっても、それはひとつの経験でしょう。いい会社に出会えるまで、動き続けることが大事です。

また、就職活動をはじめたばかりの段階から、「絶対にこの会社じゃなきゃダメ！」「この企業以外は考えられない！」などと、頑なになってしまうのも危険です。なぜなら、本当にその会社のすべてを理解しているとは限らないためです。

むしろ、イメージが先行し、そこで華々しく働いている自分を想像しているだけかもしれません。しかし現実は、必ずしも華々しい仕事ばかりではなく、辛く苦しい仕事も多いものです。イメージだけで惚れ込んでしまうと、ミスマッチにつながってしまいます。

もちろん、第一志望の企業をイメージすることは大事なのですが、実際に入社してみなければ本当のところはわかりません。つまり、自分に合うかどうかというのは、その企業で働いてみてはじめてリアルに体感できるのです。

そのような前提を理解せず、あたかも〝片思い〟のような状態で活動を続けていると、落ちたときに「一方的にフラれた！」と思ってしまいかねません。しかしそれは、単なるマッチング上の問題であり、企業としてはミスマッチを避けようとしただけなのです。

その点、就職活動を恋愛に例えて考えるのもいいですが、本質はまったく別のところにあるということを忘れないようにしてください。企業が行っているのは経済活動であり、採用活動もまたその一環です。最終的な判断は、論理的に行われています。

就活生としても、第一志望の企業に情熱を傾けつつ、どこかで冷静な自分を保つようにするといいでしょう。盲目的になるのではなく、第一志望、第二志望、第三志望というように、就職したい企業をピックアップしておくようにしてください。

就職活動の過程で、本当に自分に合った企業がどこなのか、少しずつ客観的に見られるようになります。必ずしも短期決戦を目指すのではなく、時間をかけてもいいのです。ぜひ、冷静な視点で自分と企業を見るようにしてください。

他方で、恋愛的な要素についても述べておくと、「あなたを好きな企業は絶対に現れる」ということです。落ち続けていると「もうダメかもしれない……」と思うこともありますが、続けてさえいれば、必ずあなたを受け入れてくれる企業が見つかります。

そして、その企業を知れば知るほど、自分に合っていると思えてくることも多いです。人事担当者も、自社に合った人材を必死に探しています。その判断を信頼し、あらためて、その企業について調べてみてはいかがでしょうか。

案外、「自分で自分のことを理解できていなかった」と気づけるかもしれません。なかなか内定が得られない人は、企業研究ではなく、自己分析ができていないケースも多いです。恋愛と同じように、自分のことを理解すれば、理想の相手と出会いやすくなるでしょう。

第一志望に内定するより大事なものがある

就職活動を人生全体におけるひとつの活動としてとらえると、第一志望の企業から内定を得ることすら、最も大事なのではないとわかります。たしかに就職活動では、第一志望からの内定を目指します。しかしそれは、人生の目的ではありません。

なぜ就職活動をするのか、その目的を思い出してください。企業に入社することはゴールではなく、スタートであるように、社会人になって「やりたいこと」「なりたい自分」があるはずです。そこに、人生の目的があるはずです。

仕事をする理由にもつながるのですが、長い社会人人生の中で、誰しも何らかの成し遂げたいことがあるでしょう。そして、特定の会社に入社するのは、その何かを実現するために他なりません。

ゴールは入社すること自体ではないのです。

少なくとも、第一志望の企業から内定を得ることは、就職活動のゴールにはなり得ても、人生のゴールや目的にはなりません。それはあくまでも、ひとつのステップでしかなく、入社してからが本当のスタートです。その点を忘れないようにしてください。

そう考えると、就職活動のゴールも「第一志望の企業から内定を得る」とするのではなく、「豊かな人生をおくるために、第一志望の企業から内定を得る」と理解しておくべきです。ちょっとした定義の違いですが、意識として非常に重要です。


就職活動をゲームのようにとらえている人もいます。そのような人は、多くの就活生が憧れる企業からどれだけ多くの内定を得られるのかを競い、ひとつでも多くの内定を得ることを目標としています。そして、本来の目的を見失ってしまうのです。

「豊かな人生をおくるため」という本質がなければ、就職活動は単なるゲームになってしまいます。もちろん、楽しみながら取り組むことも大事なのですが、人生における重要な決断であるということも忘れないようにしてください。

事実、就職活動は他者との競争でありながら、他方で自分との戦いでもあります。他人とばかり競い合っていると、本当に自分が求めているものを見つけられなくなってしまいます。他人とではなく、自分と向き合うことが大切です。

たとえば、自己分析をしていると、多くの人は「これほど自分に向き合うのは初めてかもしれない」と思うはずです。そして、自分を掘り下げれば掘り下げるほど、知らなかった自分自身と出会うことになります。そこに未来へのヒントがあるのです。

自分自身をよく知ると、自分が何をするべきなのか、どこに向かうべきなのかがわかります。そしてそれは、企業選択のきっかけとなり、就職活動を前に進めてくれます。そのとき、得られた内定の数は重要ではないとわかるでしょう。

「内定をたくさん得るぞ！」という意欲そのものを否定するわけではありません。そこにモチベーションがあるのなら、たくさん内定を得ればいいと思います。ただし、最低でも、それが自己満足になっていないかはチェックしてください。

もし、内定を得ることが自己満足になっていたとしたら、資格マスターと同じ落とし穴にはまっているかもしれません。最終的な目的は、人生を豊かにすることです。内定をいくら獲得しても、人生が豊かになるとは限らないでしょう。

目的をきちんと意識していれば、落とし穴にはまることはありません。しかし、目的を見失っている人は、行動の本質が少しずつズレてしまいます。ぜひ、「自分の人生を充実させる」という目的を、忘れないようにしてください。

就活の成功がなぜ親孝行になるのか?

就職活動の成功は、自分のためだけではありません。親が安心し、喜んでくれるため、親孝行にもなります。学生のうちはまだ親の保護下にあるのですが、社会人になれば、自分で稼いで自分で生活していかなければなりません。まさに、独り立ちです。

現代において、子どもが親元を離れるのも、また親が子離れするのも、就職をきっかけにするケースが多いです。そう考えると、就職活動は〝巣立ち〟につながる重要な節目であり、その成功は親子にとって喜ばしいことと言えるでしょう。

別の視点で考えると、就職活動を成功させることは、親への〝恩返し〟にもなります。義務教育を経て、高校、大学などの学業を支えてくれたのは、まさに親です。その親への恩返しは、自分が希望する企業に入り、巣立つことではないでしょうか。

もちろん、あなた自身の努力によるところも大きいです。まず自分ががんばらなければ、いい学校に入ることも、希望する企業に就職することもできません。しかし、その陰でサポートしてくれた存在に思いを馳せることも非常に大事なのです。

もし、どうしてもモチベーションが高まらない人は、自分のためだけでなく、親のために就職活動をすると考えてみてはいかがでしょうか。自分のためにはがんばれなくても、親のためならモチベーション高く行動できるかもしれません。

ただし、親世代が考える〝いい会社〟と、現役世代が考える〝いい会社〟には、違いがあることを忘れないようにしてください。親の影響が強い人ほど、「自分の意向はともかく、親が勧める会社に就職したい」と思ってしまうものです。

しかし、実際に働くのは自分です。親の勧めを参考にしつつも、「自分は何をしたいのか」という視点をおろそかにしてはいけません。そのような気持ちがなければ、面接で深い質問をされたとき、自分の言葉で説明できなくなってしまいます。

当然のことながら、就職面接で「親が勧めたから」というのは通用しません。親が勧めたからというのは、自分の意見や意志をもっていない証拠であり、それでは独り立ちした社会人としては認められないでしょう。

親の意見も参考にしつつ、自分の気持ちとしてその企業を志望しているのかどうか。それを問われるのが、採用過程です。くり返しになりますが、人事担当者が確かめようとしているのはその人の〝本気度〟であり、本人の内側から出る意欲です。

自分の意向と親の意向が異なっている場合、就職活動をしていても、つねに葛藤を感じることでしょう。世代が違うこともあり、認識の相違はよくあることなのですが、やはり最後は自分を信じるしかありません。なぜなら、就職するのは自分だからです。

たとえば、外資系企業に就職したいと考えていた人が、親から「外資には就職するべきじゃない！」と言われるケースはよくあります。ただ、外資系企業のことを理解してそう言っているのではなく、悪いイメージをもっているだけということも多いです。

むしろ、企業研究をしている就活生のほうが、現在の業界構造や企業の動向、さらには外資系企業での働き方などに詳しいのではないでしょうか。そうであるなら、親の助言をうのみにするのではなく、自分から説得してみるといいでしょう。

親すら説得できないのなら、まだ企業研究が不足しているとも考えられます。その企業をきちんと理解していれば、どのような点が魅力的なのかいくらでも語れるはずです。親を喜ばせるためにも、自らの想いを伝えるようにしてください。

就活での挫折は人生での成功につながる

最後に、私がなぜ学生のための就活塾をスタートし、99％という高確率で志望する会社や業界に送り出しているのかについて、お話しさせていただきます。

私は小学2年生のときから野球をはじめ、中学2年生のときに全国大会に出場。早稲田実業学校高等部では、3年生のときに春の甲子園に出場し、ベスト8入りを果たしました。私の人生の中心軸を貫いているのは、間違いなく、野球を通して培われた哲学です。

野球を通して学んだことは、「何事も徹底的にやる！」ということです。

これは、頭でわかっていても、実際に体で理解している人はほとんどいません。県大会で優勝する学校と準優勝の学校の差は、「徹底的にやる」をどこまで追求したかではないでしょうか。ほんの小さな努力の積み重ねが、優勝とそうでない学校を決めてしまうのです。

一昔前の時代の話です。中学時代に通っていた野球チームでは、エラーをすると監督に「顔を洗ってこい！」と怒鳴られました。練習中に水を飲むのを禁止されていたため、水ではなくグラウンドの砂で顔を洗うのです。

当然、顔も体も真っ黒になります。ビックリされた方も多いかもしれませんが、これはまだ序の口です。砂で顔を洗った後もエラーをすると、「武藤、前に来い！」と呼び出され、バットのグリップエンドでガツンと叩かれてたんこぶができるのは日常茶飯事でした。

その後、私は早稲田実業高校の野球部に入るのですが、とてもこの本では書けないくらいの厳しい日々を送りました。

その厳しさを一言で表すと「徹底的にやる」ということに尽きます。当時の苦労に比べると、試験勉強や就職活動、会社での営業などは、足元にも及ばないと思うのです。

学生時代、スポーツに打ち込んできた学生は「結果を出すために徹底的にやってきた」ことが採用側から評価されます。「社会人としても同じように結果を残せる人」として、会社が評価してくれるのです。それも、一定の苦労を経ているからではないでしょうか。

大学卒業後、私は第一志望だった大手商業銀行に、同年のトップで内定をもらいました。実際、どんな苦しい仕事を命じられても、高校時代の練習と比べれば苦になりませんでした。あのときの経験が、今も生きています。

本書では、就活で夢をかなえたい学生に、内定を勝ち取る方法をお伝えしてきました。ただ私は、学校では教えてくれないけれど、人生で最も大切なことも同時にお伝えしたかったのです。

それは、「夢は努力によって必ずかなう」ということです。

私自身、才能にあふれる秀才だったかというと、まるで違います。事実、高校生のときはケガとスランプに泣かされました。しかし、それを努力によって乗り越えることで、甲子園に出場できたのです。

就活も最初はうまくいきませんでした。説明会に行き過ぎて途中でガス欠になり、「就活うつ」のような状態になったこともあります。心配した母親が、息抜きとして、箱根の温泉に連れて行ってくれたほどでした。

私が今、一番関わりたいのは、将来に希望を持っている学生たちです。昔の自分と同じように悩んでいる学生や就活そのものがわからない学生に対して、「力になりたい」「夢をかなえる手助けをしたい」と思い、学生の就職を支援する仕事をはじめました。

人生の夢をかなえるには、その夢をできるだけ多くの人に語ってください。語ることによって、夢を実現するために必要なものが集まってきます。私はこれからも、そのような夢をかなえる手助けをしていきたいと思います。

最後になりますが、就活は「通過点」でしかありません。企業に入るのは、あなたの人生の目的ではなく、夢をかなえる手段だということを忘れないでください。

そして、就職活動を含む学生時代の苦労を、社会人になってからも役立てましょう。本当にがんばった人だけが、「砂で顔を洗うより苦しい仕事はひとつもない！」と思えるようになるのです。

あとがき

本書を最後までお読みいただき、誠にありがとうございました。ぜひ、読んで終わりにするのではなく、本書の内容をふまえて適切な行動をし、志望する企業への内定を勝ちとっていただければ幸いです。「知る」から「行動する」になった瞬間、あなたは大きく変わりはじめます。

私自身の経験を思い返してみても、就職活動のすべてが、必ずしも順風満帆ではありませんでした。とくに就職活動をはじめたばかりのころは、多くの就活生と同じように悩み、苦しんでいたように思います。

何をすればいいのかわからず、またどのように考え、どのように行動するのが正解なのかもつかめないまま、まるで暗いトンネルの中をひとりで歩いているような感覚でした。それが、就職活動を始めてから半年ほど続いたのです。

そんな中、優秀なメンターや先輩から就職活動に必要不可欠なこと、つまり本書で紹介しているような自己分析、ESの作成、面接対策、OB・OG訪問などのエッセンスを学べたおかげで、「第一志望に内定」という結果を出すことができたのです。

その内容は非常に本質的で、まさに本書で紹介しているような「90日という短期間で就職活動を仕上げ、第一志望の内定を勝ち取る」ための土台となりました。就職活動を続けていく過程で、私は自分自身がどんどん成長しているのを感じ、自信がついていきました。

たとえば、それまで企業の説明会や座談会で抽象的な質問しかできていなかったのが、エントリーシートや面接につながるクリティカルな質問を準備し、必要に応じて活用できるようになったため、人事担当者の反応は目に見えて変わっていきました。

そのため、誰もが知っている大手難関企業複数社からのプレミアムオファーやトップ5％の就活生しか集まらない特別セミナーなどに招待されるようになりました。

気がつけば、4月2日には他社をすべて辞退し、第一志望である大手商業銀行にトップ内定している自分がいました。春休み中に就職活動を終えられたあのときの開放感と充実感は、今でも忘れられません。

このような結果を出せたのも、正しい方法を学び、実践したおかげです。その学びを活かし、私は同級生のサポートや後輩の指導をはじめました。そして彼らもまた、次々と難関企業への内定を勝ちとっていきました。中には、夏のインターンですでに内々定を獲得したツワモノもいます。

このように書くと、「どうせ高学歴でスペックも高かったんでしょ？」と思う人もいるかもしれません。しかし彼らは、大学3年生までバイトやサークル活動しかしておらず、当時は「私なんかが難関企業に入れるのでしょうか？」という状態でした。

まさに、就職活動をはじめたころの私と同じ状況です。

ほとんどの人が私や彼らのように、不安と焦りの中で就職活動をスタートしています。完璧な状態ではじめる人はいません。そして、暗闇をひとりで歩き、つらく苦しい日々を送ることになるのです。

しかし、私がこれまでに個別指導でアドバイスやサポートをしてきた人、さらにはセミナーや講演などで接してきた人々は、正しい方法と行動を身につけることによって、確実に成果を出せるようになっています。暗闇の中で小さく光る灯火へと一生懸命向かい、結果として視界が開け、出口を見つけていくのです。そして、徐々に自信をつけ、イキイキとしていきます。

そう、人は短期間で変わることができるのです。

ぜひあなたも、本書を何度も読み返し、行動してください。この本を手に取ったあなたが、私が提供する「セミナー」や「講演」に来て、就職活動の一歩目を踏み出すことができるよう、私も全力でサポートしていきます。

適切な就活対策を知り、圧倒的な成長を就職活動で遂げ、「就職活動、最高に楽しかった！」と笑顔で終えられるように頑張っていきましょう。

あなたの就職活動での成功は、あなただけでなく、
あなたをこれまで大切に育ててくれた「両親」、
あなたを支えてくれている「家族」、
あなたのまわりの大切な「友達」、
あなたの大切な「恋人やパートナー」、
他にも、これまでの20数年間で関わってきた、多くの人が笑顔になるでしょう。
あなた自身の変化がまわりに大きな影響を与えます。

本書が、就職活動に悩むすべての人に何らかのヒントを与えられたとしたら、これに勝る喜びはありません。

武藤孝幸

■著者略歴

武藤孝幸（むとう・たかゆき）
株式会社VisionCreator代表

1992年、東京都生まれ。早稲田大学在学中に、先輩が「60社受けて内定が1社」だという現実を受け止め就職活動のための自分磨きをスタート。ビジネスコンテスト優勝、ボランティア団体創立、中国留学と幅広い活動をし、志望した企業すべてから内定を勝ち取り、第一志望の大手商業銀行に入行。将来に希望を持った学生を救いたいという強い思いから起業を決意し、2015年、株式会社VisionCreatorを設立。大学生向けのキャリアデザイン、就職活動のサポートする企業を経営。難関企業へ内定するための教育を展開しており、全国トップクラスの難関企業への内定者を輩出。現在までに4000人の指導生がいる。早稲田実業高校在学時には甲子園でベスト8を経験した元高校球児。

Line：https://landing.lineml.jp/r/1655669087-16AxPlqB?lp=yLzrdC
Twitter:@vision_creator1
Facebook:@visioncreator
YouTubeチャンネル:
株式会社 Vision Creator

購読者特典
⬇
LINE登録はこちら

■出版プロデュース
株式会社天才工場　吉田浩

■出版協力
山中勇樹
株式会社マーベリック 大川朋子・奥山典幸

■校閲
株式会社鴎来堂

■デザイン・DTP
金子　中

史《し》上《じょう》最《さい》強《きょう》の内《ない》定《てい》獲《かく》得《とく》術《じゅつ》

発行日　2020年3月15日　第1版第1刷
　　　　2021年6月 1日　第1版第4刷

著　　者　武《む》藤《とう》孝《たか》幸《ゆき》

発行者　斉藤　和邦
発行所　株式会社　秀和システム
〒135-0016
東京都江東区東陽2-4-2　新宮ビル2F
Tel 03-6264-3105（販売）Fax 03-6264-3094
印刷所　図書印刷株式会社　Printed in Japan

ISBN978-4-7980-6096-5 C0036

定価はカバーに表示してあります。

乱丁本・落丁本はお取りかえいたします。

本書に関するご質問については、ご質問の内容と住所、氏名、電話番号を明記のうえ、当社編集部宛FAXまたは書面にてお送りください。お電話によるご質問は受け付けておりませんのであらかじめご了承ください。